KB190564

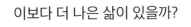

이보다 더 나은 삶이 있을까?

이보다 더 나은 삶이 있을까?

초판 1쇄 인쇄 2021년 12월 23일
초판 1쇄 발행 2022년 1월 3일

지은이 남우택
펴낸이 유동휘
펴낸곳 SFC출판부
등록 제104-95-65000
주소 (06593) 서울특별시 서초구 고무래로 10-5 2층 SFC출판부
Tel (02)596-8493
Fax 0505-300-5437
홈페이지 www.sfcbooks.com
이메일 sfcbooks@sfcbooks.com
기획 · 편집 이의현
디자인 최건호
ISBN 979-11-87942-60-3 (03230)
값 15,000원

이보다
더 나은 삶이
있을까?

남우택 지음

SFC

목차

코로나19 팬데믹으로 삶이 침울한 상황에서 '이보다 더 나은 삶'을 소개하는 책이 출판된 것은 더없이 반가운 일입니다. 이 책은 최고의 삶이 하나님의 창조질서와 그분의 섭리 그리고 그분의 통치를 따라 사는 것이라고 역설합니다. 이 책에는 구속받은 하나님의 자녀가 어떻게 사는 것이 구원에 합당한 가치 있는 삶인지에 대한 상세한 지침이 주어져 있습니다. 제한된 지면에 더 나은 삶에 도움이 되는 성경본문을 선정하는 일은 쉽지 않으며, 또 그 본문을 정당하게 해석하는 일도 만만치 않습니다. 하지만 그것을 마음에 와 닿도록 설득력 있게 설명하는 일은 더욱 어렵습니다. 이 책의 특징은 마지막에 있습니다. 즉 구체적인 적용을 통해서 독자가 성숙한 그리스도인으로 살도록 실제적인 도움을 주는 것입니다. 이 책은 암울한 상황에서 벗어나서 보다 나은 삶을 지향하는 독자들에게 적절한 필독서가 될 것입니다.

_신득일 고신대학교 부총장, 구약학교수

우선 이 책의 제목이 저를 유혹했습니다. 나이가 들어 할아버지 소리를 듣다보니, 저절로 지나온 삶을 뒤돌아보며 삶의 의미를 생각하게 됩니다. 이런 때에 '더 나은 삶에' 대한 안내라니! 코로나로 갇혀 있는 저에게는 정말로 반가운 글이 아닐 수 없었습니다. 학생 때는 루이제 린저Luise Rinser의 『생의 한가운데서』를 읽으며 삶의 의미를 탐색한 적이 있었지만, 그것이 치열한 영적 전선戰線을 지켜주지는 못했습니다. 그런데 나이가 들어도 신행일치信行一致에 이르지 못해 마음만 조급한 저에게 이 책은 자신을 보다 진지하게 성찰하도록 이끌어주었습니다. 이 책에 실린 설교문에는 세상사에 지쳐있는 피곤한 영혼을 향한 따듯한 사랑이 녹아있을 뿐 아니라, 만면에 웃음이 가득한 저자의 외모처럼 독자들의 영혼을 향한 애정의 눈빛이 드러나 있습니다. 저자가 오클랜드 허허벌판에서 큰 교회를 이룬 것이 결코 저절로 된 일이 아님을, 그것은 저자의 성도들에 대한 사랑, 목회자적 인품, 은혜로운 설교 등이 이룬 결실임을 보여줍니다.

_**이상규**백석대학교 석좌교수, 고신대학교 명예교수

미국의 격언 가운데 "좋은 것은 더 좋은 것의 적이다Good is the enemy of better."라는 말이 있습니다. 오늘날 많은 사람이 좋은 것에만 만족하고 살아갑니다. 좋은 대학, 좋은 직장, 좋은 배우자, 좋은 가정, 좋은 부모, 좋은 이웃 등, 잘 생각해 보면 우리 주위에 좋은 것은 많이 있습니다. 하지만 하나님께서 우리에게 원하시는 삶은 이 땅에서의 좋은 사람, 좋은 인생이 아니라 그것보다 '더 나은 삶'을 갈망하는 것입니다. 땅의 좋음이 아닌 하늘의 소망을 둔 위대한 사람, 위대한 인생이 되라고 말씀하십니다. 'The Good'의 인생이 아닌 더 나은 'The Great'를 꿈꾸며 살라고 하십니다. 그런 점에서 이 책, 『이보다 더 나은 삶이 있을까?』는 우리가 하나님의 자녀로 더 나은 삶, 더 위대한 삶을 어떻게 살아갈지를 잘 설명해 줍니다. 특히 이 책이 도전이 되는 이유는 단지 글만이 아니라 저자인 남우택 목사님과 한우리교회가 그러한 삶을 살아왔기 때문입니다. 코로나19 팬데믹 시대에 개인의 인생에서 더 나은 삶을 살기를 갈망하는 모든 그리스도인들에게 적극 추천합니다.

_이기룡한국고신교단 총회교육원 원장

지상에는 지엄한 명령 두 가지가 있습니다. 어명御命과 천명天命입니다. 그런데 천명에도 두 가지가 있습니다. 지천명知天命과 순천명順天命입니다. 여기서 순천명은 알게 된 천명에 순종한다는 점에서 지천명보다 한 수 높습니다. 그리스도인에게 가장 고결한 삶이 바로 이 순천명입니다. 하나님의 뜻을 받들어 사는 소명召命과 사명使命의 삶이기 때문입니다. 저자는 신학생 시절부터 40년 넘은 친구입니다. 저는 그가 어떻게 뉴질랜드에서 건강한 한인교회를 이루었으며, 이민사회에서 믿음의 대부가 되었는지 잘 압니다. 그것은 그가 순천명의 사람이었기 때문입니다. 그가 '더 나은 삶'이란 마음대로 사는 것이 아니라 창조질서에 따라 사는 삶이라고 설파한 것도 그의 이런 삶에서 우러나온 것입니다. 이 책은 저자의 말씀에 대한 통찰력과 적절한 예화가 어우러진 감동적인 설교로서, 한 마디 한 마디가 명언입니다. 같은 설교자로서 감탄하지 않을 수 없습니다. 따라서 독자들은 이 책에서 설교의 진수를 맛보게 될 것입니다.

_**김현규** 부암제일교회 담임목사

전 세계를 강타한 코로나19 바이러스는 인간의 육체는 물론 정신 세계와 일상적인 삶의 패턴까지 바꾸어 놓았습니다. 전문가들은 이제 더 이상 코로나 이전의 세상으로 돌아갈 수는 없을 것이라고 진단합니다. 이른바 '뉴노멀Newnormal시대'입니다. 마스크 착용, 사람과 거리두기, 모임제한, 재택근무, 텅 빈 공항, 하늘길과 바닷길을 비롯해 모든 길이 막힘 등과 같은 엄청난 충격과 변화로 사람들은 혼란스럽고 불안해합니다. 하지만 이런 시대가 되었음에도 근본적으로는 별로 달라진 것이 없다고 말한다면 지나친 표현일까요?

지금까지 인간은 과학과 기술의 발달을 통해 물질적 풍요를 일구어 왔습니다. '테크노피아'라는 말에서도 알 수 있듯이, 기술의 발달은 우리 인간에게 유토피아를 가져다줄 것처럼 기대하게 했습니다. 그리고 그런 기대에 부응하듯이 과학기술은 어느덧 달나라를 넘어 화성에까지 도시를 건설하여 우주이민을 가능하게 할 수 있을 것처럼 발전했습니다. 하지만 이러한 과학기술의 발달로 인간이 원하는 것은 무엇이든 할 수 있다고 착각하는 순간, 우리 사회는 오히려 이혼과 비혼이 자연스럽게 되었고, 1인 가족과 혼밥, 동성애가 사회전반에 걸쳐 확산되면서 하나의 문화가 되었습니다. 화려한 일상 뒤로 우울증과 조현병을 앓는 사람들이 늘어만 가고, 부모가 자녀를, 자녀가 부모를 폭행하고 살해하는 정말 무서운 세상이 되었습니다. 그럴진대 과학기술의 발달이라는 것이 진정 인간에게 유토피아를 가져다 줄 수 있을까요?

인간은 항상 '지금보다 더 나은 삶'을 꿈꾸며 질주해 왔습니다. 그러나 그렇게 질주해 온 결과가 오늘이라면, 이제 정신을 차리고 '더 나은 삶'이라는 것이 과연 무엇인지 진지하게 생각해 봐야 할 때입니다. 인간의 행복만을 지향해 온 '더 나은 삶'이라는 것이 결국 오늘날처럼 인간의 불행을 가져왔기 때문입니다.

저는 현재 코로나19 바이러스로 인한 팬데믹 상황에서 세계의 많은 사람들이 선호하는 뉴질랜드에서 30년이 넘도록 한우리교회라는 한인교회의 목회자로 섬기고 있습니다. 뉴질랜드가 코로나19 바이러스로부터 청정국가라는 부러움을 사고 있음에는 틀림없지만, 사실 그 안을 깊숙이 들여다보면 곳곳에서 심각한 영적, 정신적, 문화적 병폐로 인해 삶이 무너져가고 있는 현실을 볼 수 있습니다. 하여 이 작은 책은 그와 같이 무너져가는 삶의 현실에 대한 출구를 하나님의 말씀에서 찾아 한우리교회 강단에서 성도들과 나눈 메시지를 정리한 것입니다. 이 작은 책 속에 참으로 오늘날 우리 모두가 제대로 누려야 할 '더 나은 삶'이라는 것이 무엇인지 담아 보려고 노력했습니다.

'더 나은 삶'이란 우리 자신의 마음대로 사는 것이 아니라 하나님의 창조질서대로 사는 데 있습니다. 우리는 거기서 비로소 참된 안전과 행복을 누릴 수 있습니다. 그렇기 때문에 '더 나은 삶'은 내 삶의 주인이 나 자신이 아니라 하나님이심을 깨닫는 데서 시작되며, 자기중심의 사고에서 하나님 중심의 사고, 곧 창조주 하나님의 뜻을 인식하는 사고로 전환될 때 비로소 활짝 열립니다. 이러한 삶은 오로지 자신의 안전과 행복만을 추구하며 에녹 성을 쌓았던 가인의 문화에서 떠나 마태처럼 이전의 삶을 포기하고 예수님께서 깨닫게 하신 새로운 삶을 향해 걸어갈 때 누리게 되는 삶입니다.

한편 이와 같은 '더 나은 삶'이 지닌 핵심은 하나님을 사랑하고 인간을 사랑하는 관계를 맺는 데 삶의 가치를 두는 것과, 삶의 현장에서 어떠한 갈등이 일어난다 해도 그로 인해 다른 사람을 제거하기 위해 창을 던지지 않고, 또 자신의 힘으로 원수를 무너뜨리는 일에서 자유하게 되는 데 있다고 할 수 있습니다.

따라서 '더 나은 삶'을 누리는 사람은 사람으로서는 감당하기 어려운 환난에도 하나님의 섭리가 있음을 확신하기 때문에 그의 삶속에서 쓴물이 변하여 단물이 되는 놀라운 삶의 열매들을 맺어가게 됩니다. 하지만 궁극적으로 '더 나은 삶'은 아직 우리에게 오직 않았습니다. 그와 같은 삶은 예수님께서 심판주로 오시는 그 날에 도래하기 때문입니다. 그럼에도 불구하고 '더 나은 삶'은 미래에만 속한 것이 아닙니다. 그러한 삶은 이미 임한 하나님의 나라와 그 가치를 붙잡고 살 때 오늘 이 땅에서부터 누리게 되기 때문입니다.

이 책이 출간될 수 있도록 지금까지 인도하신 하나님께 감사드리며, 참으로 부족한 종임에도 불구하고 30년 동안 참아주고 배려하며 늘 함께 해준 한우리교회 가족들, 이 책의 출간을 위해 수고해준 SFC 출판부 간사들, 그리고 항상 제 곁에서 격려해준 사랑하는 아내와 예랑, 예린, 기윤, 예은에게 고마움을 전합니다.

부디 이 작은 책을 통해 하나님께서 우리 모두를 향해 바라시는 '더 나은 삶'을 함께 엮어갈 수 있기를 소망합니다.

오클랜드에서

남우택 목사

제1장
더 나은 삶의 출발

1. 내 삶의 주인 찾기

창세기 1장 1~13절

"¹ 태초에 하나님이 천지를 창조하시니라 ² 땅이 혼돈하고 공허하며 흑암이 깊음 위에 있고 하나님의 영은 수면 위에 운행하시니라 ³ 하나님이 이르시되 빛이 있으라 하시니 빛이 있었고 ⁴ 빛이 하나님이 보시기에 좋았더라 하나님이 빛과 어둠을 나누사 ⁵ 하나님이 빛을 낮이라 부르시고 어둠을 밤이라 부르시니라 저녁이 되고 아침이 되니 이는 첫째 날이니라 ⁶ 하나님이 이르시되 물 가운데에 궁창이 있어 물과 물로 나뉘라 하시고 ⁷ 하나님이 궁창을 만드사 궁창 아래의 물과 궁창 위의 물로 나뉘게 하시니 그대로 되니라 ⁸ 하나님이 궁창을 하늘이라 부르시니라 저녁이 되고 아침이 되니 이는 둘째 날이니라 ⁹ 하나님이 이르시되 천하의 물이 한 곳으로 모이고 뭍이 드러나라 하시니 그대로 되니라 ¹⁰ 하나님이 뭍을 땅이라 부르시고 모인 물을 바다라 부르시니 하나님이 보시기에 좋았더라 ¹¹ 하나님이 이르시되 땅은 풀과 씨 맺는 채소와 각기 종류대로 씨 가진 열매 맺는 나무를 내라 하시니 그대로 되어 ¹² 땅이 풀과 각기 종류대로 씨 맺는 채소와 각기 종류대로 씨 가진 열매 맺는 나무를 내니 하나님이 보시기에 좋았더라 ¹³ 저녁이 되고 아침이 되니 이는 셋째 날이니라"

한 정신병동에서 어떤 환자가 "나는 하나님의 아들이다!"라고 떠들며 다녔습니다. 그러자 이를 본 옆 침대의 환자가 말했습니다. "나는 너 같은 아들을 둔 적이 없다." 물론 유머입니다. 하지만 이 유머 속에는 스스로를 신으로 생각하며 사는 우리 인간에 대한 경고가 담겨 있습니다.

오늘날 현대인들은 "세상의 중심은 나 자신이다."라고 생각하며 살아갑니다. 내가 있어야 가족도 있고, 배우자와 부모도 있고, 내가 있어야 교회도 있고, 직장도 있고, 국가도 있으며, 심지어 하나님도 내가 있어야 의미가 있다고 생각합니다. 따라서 만약 내가 없다면 이 세상의 그 어떤 것도 아무런 의미가 없게 됩니다. 내가 잘되면 세상의 모든 것이 잘되고, 내가 불행하면 세상의 모든 것이 불행하다고 생각합니다. 그야말로 '나 중심의 사고'에 사로잡혀 있는 우리의 한계가 아닐 수 없습니다. 때문에 '더 나은 삶'의 출발은 바로 삶의 주인이 나 자신이 아님을 깨닫는 데 있습니다.

"태초에 하나님이 천지를 창조하시니라"창1:1

성경은 제일 처음 시작하는 말씀에서 이 세상의 중심은 나 자신이 아니라 하나님이시라는 진리를 분명하게 선언합니다. 내가 이 세상에 태어나기도 전에 이미 세상은 존재했습니다. 이 세상을 창조하신 하나님께서 나의 인생 또한 시작하게 하셨습니다. 물론 하나님께서 내게 주신 삶의 시간 동안 나의 삶을 엮어가는 주체는 나 자신임에 틀림없지만, 그렇다고 내 삶의 주인이 나 자신이라고 생각해서는 안 됩니다. 왜냐하면 내 인생을 시작하게 하신 분이 다름 아닌 생명의 주인이신 하나님이시며, 그것의 끝을 맺게 하시는 분도 그 하나님이시기 때문입니다.

세상의 중심은 인간인가?

하나님께서는 창세기 1장에서 말하는 '태초'보다 훨씬 이전부터 존재하셨습니다. 그런데 이 '태초'라는 단어가 요한복음에도 나옵니다.

"태초에 말씀이 계시니라 이 말씀은 곧 하나님이시니라" 요1:1

학자들은 요한복음의 '태초'가 창세기의 '태초'보다 훨씬 더 이전의 의미라고 말합니다. 창세기의 '태초'는 영원 가운데 한 정점, 곧 천지를 창조하신 시간의 시작을 뜻하지만, 요한복음의 '태초'는 그 이전을 의미하기 때문입니다.

인간의 인식 너머에 계신 분

하나님께서는 언제부터 존재하셨을까요? 하나님께서는 태초 이전, 영원 전부터 계셨습니다. 하나님께서는 우리가 인식하지 못하는 거기, 시간을 초월한 거기, 내가 인식할 수 있는 시공을 뛰어넘는 거기에 이미 계셨습니다. 하나님께서는 모세에게 친히 이렇게 말씀하셨습니다.

"하나님이 모세에게 이르시되 나는 스스로 있는 자이니라"출3:14

스스로 계신 하나님, 우리가 인식할 수 없는 '거기에 이미 계신' 그분께서 태초에 천지를 창조하셨습니다. 성경은 이 우주와 모든 생명체가 그분에게서 비롯되었다고 선언합니다. 그런데 하나님에 의해서 창조된 피조물인 인간이 세상을 보고 자기 나름대로 한 마디씩 던집니다.

"저절로 생겼겠지 뭐. 어쩌다가 우연히 이렇게 된 거야."

이들을 무신론자라 합니다.

"모든 것은 물질에서 출발한 거야."

이들은 유물론자입니다.

소련의 우주비행사 유리 가가린Yury Alekseyevich Gagarin이 인류 최초로 지구궤도를 도는 비행을 마치고 돌아와 기자들에게 "거기에 하나님은 없었다."라고 말했다는 일화가 있습니다. 이에 대해 어떤 사람들은 가가린은 그렇게 말하지 않았는데, 유물론자인 소련 공산당이 자기들이 생각하고 믿는 바를 사람들에게 주입시키려고 조작한 것이라고 말하기도 합니다.

그런가하면 "우주의 세계에는 우리가 만지고 볼 수 있는 자연의 세계 외에는 존재하지 않는다."라고 믿는 자연주의자도 있습니다. 이들은 눈에 보이는 우주 외에 다른 것은 존재하지 않는다고 생각합니다. 그래서 초자연적인 하나님을 인정하지도, 믿지도 않습니다. 얼마나 어리석은 생각인가요? 사실 이 세상에는 눈에 보이지 않는 것이 무수히 많이 존재합니다. 그러나 그들은 이것을 충분히 경험하면서도 깨닫지 못합니다. 어디 양심이 눈에 보이던가요? 어머니와 아내의 사랑이 물질에 해당하나요? 사랑이 네모인가요? 세모인가요?

그런데 오늘날에는 이러한 것보다 더욱 영향력 있는 사상이 있습니다. 바로 휴머니즘 또는 인본주의입니다. 인본주의는 하나님의 뜻과 진리를 교묘하게 혼란시키는 대표적인 철학사상으로서, 한 마디로 표현하자면 "모든 우주의 중심은 인간이다."라고 말하는 사상입니다. 이는 특히 "인간은 만물의 척도다."라고 한 프로타고라스의 말에 잘 표현되어 있습니다. 때문에 인본주의는 "모든 것은 인간을 위해서 존재하는 것이지 인간 위의 것은 존재하지 않는다."라고 주장합니다.

그리고 그런 주장 아래 1933년에 '인본주의 선언'이라는 신조가 발표되었는데, 이 선언에 서명한 사람 중에 미국과 한국의 교육체계에 큰 영향을 입힌 실용주의 철학자 존 듀이John Dewey가 있습니다. 미국의 진보적 교육철학자인 그는 학습자학생 중심 또는 학습자의 경험 중심으로 교육이 이루어져야 한다고 강조했는데, 그러한 그의 이론이 지금까지도 큰 영향을 미치고 있습니다. 한편 인본주의는 인간의 인격과 인권에 최고의 가치를 둡니다. 따라서 동성연애자에게도 인권이 있으며 그들의 인권 또한 존중받아야 한다고 주장하면서, 동성애자의 결혼과 보호법을 통과시키는 나라들이 늘어나고 있습니다.

이러한 모든 것이 세상의 중심에는 인간이 있다는 가치체계에서 출발한다고 할 수 있습니다. 그러한 가치체계에서는 하나님을 인정하지 않습니다. 오늘날 세상의 정치, 경제, 문화에서 왜 그토록 많은 문제와 혼란이 일어날까요? 그것은 다름 아닌 오늘날 사람들이 세상과 우주의 중심이신 하나님의 뜻에 순종하지 않고 인간 중심으로 생각하고 말하고 행동하기 때문입니다.

그런데 조금만 주의 깊게 살펴보면 인간 중심의 생각이 얼마나 어리석은 것인지 금방 알 수 있습니다. 우주는 인간의 허락 없이도 아침이면 해가 뜨고, 새는 날아다니고, 식물은 자라납니다. 인간의 허락 없이도 우주와 모든 생명체, 가정과 교회, 국가는 하나님께서 허락하시는 기간 동안 항상 존재할 것입니다. 이렇듯 세상은 하나님의 뜻과 진리대로 움직이는 것이지 결코 인간의 뜻, 특히 나의 뜻대로 움직이는 것이 아닙니다. 그럼에도 사람들은 자기 인생이니 자기 마음대로 할 수 있다고 자부합니다. 하지만 결코 자기 뜻대로 되지 않는 것이 인생입니다.

아담은 하나님과 같이 되려고 자기 뜻대로 선과 악을 알게 하는 나무의 열매를 먹었으나, 그 결과는 에덴동산에서 쫓겨나는 것이었습니다. 아브라함은 조카 롯이 함께 있기를 원했으나, 결국 롯은 그의 곁을 떠났습니다. 또한 아브라함은 시종인 엘리에셀이나 여종 하갈을 통해 낳은 이스마엘을 자신의 후사로 삼으려고 했지만, 결국 하나님께서는 그에게 이삭을 주셨습니다. 이렇듯 내 인생이니 내 뜻대로 살 수 있을 것 같지만, 결국 모든 것은 하나님의 뜻대로 이루어집니다. 이는 결국 모든 우주의 중심, 그리고 내 인생의 중심이 바로 하나님이시기 때문입니다. 이 진리를 부정하면 결국 나와 내 주변의 사람들이 고통당하는 삶을 살 수밖에 없게 됩니다. 하나님께서는 하나님을 부정하는 교만을 가장 싫어하시기 때문입니다.

"악인은 그 교만한 얼굴로 말하기를 여호와께서 이를 감찰치 아니하신다 하며 그 모든 사상에 하나님이 없다 하나이다" 시10:4

자기 마음대로 살다보면 반드시 고통이 임합니다. 하나님께서는 교만한 자를 가장 싫어하시기 때문입니다. 이 세상에서 하나님과 대항하여 싸워 이길 자는 아무도 없습니다. 그런데 하나님을 믿는다 하면서도 마치 하나님께서 계시지 않는 것처럼 모든 것이 자기 생각과 뜻대로 이루어져야만 행복하다고 고집한다면 정말이지 안타까운 일이 아닐 수 없습니다. 우리가 기대하는 '더 나은 삶'은 설령 자기 생각대로 되지 않는다 해도 자신의 삶의 중심에 계신 하나님께서 자신의 미래를 위해 선하신 뜻을 가지고 계심을 믿으며 사는 것입니다.

천지를 창조하고 지금도 다스리시는 분

하나님께서는 어떻게 일하고 계십니까? 하나님께서는 모든 인간이 존재하기 이전에 하늘과 땅을 창조하심으로써 일하셨습니다.

> "태초에 하나님이 천지를 창조하시니라. 땅이 혼돈하고 공허하며 흑암이 깊음 위에 있고 하나님의 신은 수면에 운행하시니라"
>
> 창1:1~2

어빙 젠센Irving L. Jensen은 이를 두고 '원창조original creation'라고 하는데, 어떤 학자들은 1절의 원창조 이후 2절에 묘사된 바와 같이 세계가 한동안 혼돈상태에 있었다가 그 다음에 3절 이하의 말씀처럼 6일 동안 창조되었다고 주장합니다. 이를 간격이론Gap theory이라고 합니다.

즉 인간의 창조 이전에 대이변이 있었다는 것입니다. 만일 이러한 이론대로라면 창세기 1장 1절과 2절 사이의 간격이 오랜 시간이 될 수도 있기 때문에 지구역사에서 나타나는 지질학상의 시대들에 대해 설명이 가능할 수 있습니다.

또 어떤 학자들은 과학자들이 말하는 지구의 나이에 맞추기 위해 창세기 1장에 등장하는 "날"을 하루가 아니라 하나의 연대로 보기도 합니다. 심지어 자유주의 신학자들은 창세기 1~11장을 하나의 설화로 보고, 12장에 등장하는 아브라함 때부터를 실제 역사적인 사건으로 보기도 합니다. 그러니까 창세기 11장 이전에 등장하는 창조와 인간의 타락, 노아홍수 등을 실제 사건이 아니라고 보는 것이지요. 왜 그럴까요? 이는 오늘날처럼 포스터모던 시대에 사는 사람들이 성경을 사실로 믿기에는 너무나 황당하기 때문에 가능하면 그들에게 합리적으로 접근하기 위해 그런 것입니다. 하지만 우리는 여기에 교묘한 영적인 진리 전쟁이 일어나고 있음을 인식해야 합니다.

창조가 사실이 아니라 하나의 이야기요 설화일 뿐이라고 생각하게 될 경우, 하나님께서 우주의 중심이자 통치자이심을 믿는 것이 어렵게 됩니다. 그런데 오늘날 많은 사람들은 하나님의 창조 대신 자연의 우연한 진화를 믿습니다. 과학자들이 그렇게 말했고, 또 학교에서 그렇게 배웠기 때문입니다. 하지만 이와 관련해 한동대학교의 김영길 전 총장은 "진화론이나 창조론을 받아들이는 데는 믿음이 필요한데, 진화론은 무신론적인 믿음이고, 진화론을 믿는다는 것은 하나님께서 창조하셨다는 창조론보다 더 큰 믿음을 필요로 한다."라고 말했습니다. 그렇습니다. 진화론에는 하나님이 없습니다. 오직 인간의 생각만이, 인간의 추론만이 있을 뿐입니다.

진화론자들은 진화의 순서를 이렇게 설명합니다. "태초에 수소가 있었다. 수소가 오랜 세월을 지나다보니 유기복합물이 되었다. 여기에서 단세포 아메바가 나오고, 이것이 진화되어 무척추 동물이 되었다가 어류에서 파충류로, 그리고 원숭이에서 사람으로 진화되었다." 그러나 이런 식으로 설명하는 진화론의 기본과정은 아직까지도 미완성입니다. 따라서 유기 복합물이 진화되어 생명체가 되었다는 것에 동의하는 데는 정말 대단한 믿음이 필요합니다. 동물원의 원숭이가 언젠가는 사람이 될 것이라고 믿는 사람이 정말 있을까요? 그럼에도 불구하고 진화론을 지지하는 것은 그 마음에 하나님 두기를 싫어하기 때문입니다.

생명체는 결코 우연히 생길 수 없습니다. 카플란이란 진화론 과학자조차 생명체가 저절로 생기는 확률은 10의 130승 분의 1($1/10^{130}$)이라고 했습니다. 즉 생명은 외부에서 주는 자가 없이는 불가능하다는 것을 순수과학지인 *Scientific American*에 발표했다고 합니다.

가게에서 쇠고기를 사면 그 속에 생명체의 구성요소가 다 들어있습니다. 단백질도 있고, 미네랄도 있습니다. 그렇다고 쇠고기가 살아 있습니까? 아닙니다. 그것은 고깃덩어리에 불과합니다. 생명체의 구성요소가 있다고 해서 물질이 저절로 생명의 기능을 할 수 있게 되는 것이 아닙니다. 이와 같은 사람의 추론과 생각들은 수도 없이 많습니다. 하지만 지식인들이 말한다고 해서, 유명한 사람들이 말한다고 해서 모두 진리는 아닙니다. 지금은 진리 전쟁의 시대입니다. 이러한 때에 우리는 바른 진리인 하나님의 말씀을 붙잡아야만 합니다.

성경은 천지창조에 관한 갭Gap, 간격이론의 가능성에 대해 침묵하고 있습니다. 간격 이론 또한 인간중심으로 연대측정법을 만들고 그 이론에 맞추려는 인간중심의 과학방법들 중 하나일 뿐입니다. 그런데 놀랍게도 오늘날 어떤 과학자들은 성경의 말씀으로 다시 돌아오고 있습니다. 과학을 연구하면 연구할수록 인간 이상의 어떤 힘을 느끼게 되기 때문입니다.

여하튼 분명한 것은 성경은 우주의 과학역사를 기록한 책이 아니라 하나님께서 어떤 분이신지를 보여주고, 그분께서 이루어 가시는 인간의 구원역사를 기록한 책임을 잊으면 안 됩니다. 창세기 1장은 하나님께서 '이미 거기 계신 분'이시라고 말할 뿐만 아니라, 하나님께서 '인간과 모든 생명체에게 모든 것을 공급하시는 분'이시라고 말합니다. 하나님의 창조를 보십시오.

첫째 날에 하나님께서는 빛을 만드셨습니다. 즉 "땅은 형체가 없고 비어있었으며 하나님의 신이 그 위에 운행하셨다."라고 표현한 바로 그 상태에서 하나님께서는 빛을 창조하셨습니다. 이 빛은 모든 사물의 에너지원이었습니다. 이로 보건대 해와 달이 있기 전에 빛이 먼저 창조되었음을 알 수 있습니다.

"하나님께서 이르시되 빛이 있으라 하시니 빛이 있었고 그 빛이

하나님이 보시기에 좋았더라 하나님이 빛과 어둠을 나누사 하나

님이 빛을 낮이라 부르시고 어둠을 밤이라 부르시니라 저녁이
되며 아침이 되니 이는 첫째날이니라"창1:3~5

둘째 날에 하나님께서는 궁창을 만드셨습니다.

"하나님이 이르시되 물 가운데에 궁창이 있어 물과 물로 나뉘라
하시고 하나님이 궁창을 만드사 궁창 아래의 물과 궁창 위의 물
로 나뉘게 하시니 그대로 되니라 하나님이 궁창을 하늘이라 부
르시니라 저녁이 되고 아침이 되니 이는 둘째 날이니라"창1:6~8

궁창은 지구를 둘러싸고 있는 거대한 대기권입니다. 하나의 거대
한 수증기층이라고도 할 수 있습니다. 이 대기권이 없으면 소리가 전
달되지 않고, 촛불도 켤 수 없으며, 식물이 자랄 수도 없고, 사람이 호
흡할 수도 없습니다. 이 대기에는 산소와 질소의 비율이 1:4인데 20%
인 산소의 비율이 조금이라도 높아질 경우, 작은 가스불로도 온 집이
다 타버리고 동네 전체가 불바다가 될 수 있습니다. 약 78%를 차지하
고 있는 질소의 비율 역시 조금만 높아지더라도 모든 동물들이 질식
해서 죽게 될 것입니다. 그래서 과학자들이 가장 겁내는 것이 지구의
허파인 브라질의 아마존 유역의 나무를 베어내는 것이라고 합니다.
나무를 베어내면 지구의 산소량이 줄어들기 때문이지요. 또한 대기권
에는 구름이 있습니다. 구름은 지구가 매 초당 1,600톤의 물을 증발

시켜 하늘로 끌어 올려놓은 것입니다. 즉 하나님께서 태양열을 통해 자연스럽게 물을 증발시켜 하늘에 거대한 저수지층을 만드신 것이라고 할 수 있습니다. 이러한 궁창이 얼마나 위대하고 중요한지 알겠나요? 이러한 환경을 조성하신 분이 바로 하나님이십니다.

셋째 날에 하나님께서는 바다와 땅을 만드셨습니다. 곧 하나님께서는 궁창 아래의 물을 한 곳에 모이게 하시어 바다를 만드시고, 드러난 뭍을 땅이라 하셨으며, 그 땅에 푸른 숲과 나무가 자라게 하셨습니다. 그런데 이렇게 창조된 바다와 육지의 비율이 7:3입니다. 만일 바다가 조금이라도 더 줄어들고 육지가 많아질 경우, 강우량이 줄게 되어 육지는 금방 사막화가 일어날 것입니다. 반대로 바다의 비율이 높아지고 육지가 줄어들 경우, 너무 많은 수증기의 증발로 지구는 습지대로 변하여 사람이 살기 어렵게 될 것입니다. 정말이지 하나님의 솜씨는 놀랍기만 합니다.

한편 하나님께서는 땅을 만드시고 이 땅에 각종 풀과 씨를 맺는 채소와 과목을 만드셨습니다. 오늘날 사람들은 맛집을 찾아 이리저리 몰려다니지만, 사실 이 모든 재료를 공급하신 분은 다름 아닌 하나님이십니다. 하나님께서는 인간에게 필요한 모든 영양소를 채소와 과일에 넣어주셨습니다. 허준의 동의보감을 보면, "콩은 오장을 보호하고 창자와 위장을 보호하는 기능이 있다. 양파는 모세혈관을 튼튼하게 하고 피의 흐름을 좋게 하기 때문에 고혈압이나 동맥경화를 예방한다. 부추에는 철분이 많아 빈혈을 예방하고, 선인장에는 당분과 단백질 성분이 풍부하여 기관지에 좋고, 감자는 모든 필수 아미노산이 골고루 있어 콜레스테롤을 조절해준다.”라는 내용이 있습니다.

넷째 날에 하나님께서는 하늘의 궁창에 있는 광명들, 즉 해와 달과 별들에게 각각 역할을 맡기셨습니다. 해는 낮을 주관하고, 달과 별들은 밤을 주관하게 하셨습니다.

다섯째 날에 하나님께서는 바다와 물속에 사는 고기들과 공중에 나는 새들을 만드셨습니다. 그리고 여섯째 날에 하나님께서는 육축과 기는 것과 땅의 짐승들을 종류대로 창조하셨고, 이 모든 것을 만드신 후에 만물의 으뜸인 인간을 창조하셨습니다.

이렇듯 엿새 동안에 하나님께서는 완벽한 설계로 온 우주를 각기 종류대로 아름답게 창조하셨습니다. 오늘날 지구에 사는 72억 명의 사람들 중에 손가락 지문이 같은 사람이 단 한 명도 없고, 겨울에 내리는 무수한 눈송이들조차 같은 모양이 단 하나도 없다고 하니 정말로 놀라운 일이 아닙니까? 그래서 오래 전에 시편기자는 이렇게 노래했습니다.

“여호와 우리 주여 주의 이름이 온 땅에 어찌 그리 아름다운지요.” 시8:2

그런데도 여전히 인간이 이 세상의 주인이요, 이 세상을 통치한다고 말할 수 있을까요? 그렇지 않습니다. 오직 하나님께서만 모든 사람과 모든 동식물에게 필요한 환경과 먹거리를 제공하셨습니다. 이런 점에서 창세기 1장에서 붙잡아야 할 또 하나의 중요한 진리가 있는데, 그것은 "하나님께서 내게 필요한 모든 것을 이미 주셨고, 지금도 주시며, 앞으로도 주실 것이다."라는 진리입니다. 친히 인간의 몸을 입고 오신 예수님께서도 이 진리와 관련해 이렇게 말씀하셨습니다.

> "그러므로 염려하여 이르기를 무엇을 먹을까 무엇을 마실까 무엇을 입을까 하지 말라. 이는 다 이방인들이 구하는 것이라 너희 천부께서 이 모든 것이 너희에게 있어야 할 줄을 아시느니라. 너희는 먼저 그의 나라와 그의 의를 구하라 그리하면 이 모든 것을 너희에게 더하시리라" 마6:31~33

하나님께서는 지금도 창조하신다

> "땅이 혼돈하고 공허하며 흑암이 깊음 위에 있고 하나님의 신은 수면 위에 운행하시니라" 창1:2

하나님의 신, 즉 성령이 수면에 운행하신다고 할 때, '운행하다'의 기본 의미는 '움직이다, 흔들다'인데, 이것은 새가 날개를 계속해서 퍼덕이는 것처럼 '계속해서 움직이다'라는 의미입니다. 그래서 어떤 학자는 하나님께서 "혼돈하고 공허하며 흑암 가운데 있는 물체의 덩어리를 날개로 품은 후에 계속해서 퍼덕이시며 만물을 아름답게 창조하셨다."라고 말하기도 했습니다. 이 얼마나 놀라운 일인가요? 다시 말해 이 세상은 성령의 역사하심으로 말미암아 모든 것이 변하게 되었다는 것입니다. 즉 비로소 모든 것의 모양이 분명해지기 시작했고, 모든 만물이 구별되기 시작했으며, 질서의 세계가 나타나게 되었다는 것입니다.

이는 우리에게 성부 하나님께서 계획하시고, 성자 하나님께서 말씀하시고, 성령 하나님께서 움직이심으로써 세상이 아름답게 창조되었음을 다시 한 번 확인시켜줍니다. 그리고 삼위일체 하나님께서 흑암 가운데 역사하실 때 신기하고 오묘한 세상이 펼쳐진 것처럼, 오늘날 이 세상 사람들 가운데서도 삼위 하나님께서 움직이시고 역사하실 때 이 세상은 아름답게 펼쳐질 것임을 말해줍니다.

창세기 1장 2절에서 "운행하시니라"는 한 번 운행하고 끝나는 것이 아니라 계속해서 운행하신다는 의미입니다. 다시 말해 세상을 창조하신 하나님께서는 계속해서 재창조하시는 사역을 지금도 하고 계신다는 것입니다. 세포가 죽은 후 다시 새로운 세포가 살아나고, 식물도 씨를 맺고 죽은 후 다시 씨를 뿌림으로 살아납니다. 하나님께서는 이러한 역사를 지금도 진행하시면서 일하시는 것입니다.

그러나 인간이 이와 같은 하나님의 진리와 하나님의 말씀에서 떠날 경우, 우리의 터전인 이 땅도 황폐해지고 결국 우리까지 황폐해지게 될 것입니다. 그것이 곧 고통이고 심판입니다. 이는 과거 이스라엘이 타락했을 때 절절한 가슴으로 외친 예레미야 선지자의 말에서도 잘 알 수 있습니다. 그의 말을 들어보십시오.

"내 백성은 나를 알지 못하는 어리석은 자요 지각이 없는 미련한 자식이라 악을 행하기에는 지각이 있으나 선을 행하기에는 무지하도다 보라 내가 땅을 본즉 혼돈하고 공허하며 하늘에는 빛이 없으며"렘4:22~23

하나님 중심에서 나 중심이 될 때 땅은 혼돈하고 공허하며 하늘에는 빛이 없게 됩니다. 그러나 반대로 모든 땅과 모든 식물, 모든 인간에게 하나님의 영이 운행하실 경우에는 모든 것이 새롭게 됩니다. 이를 두고 시편 기자는 이렇게 노래했습니다.

"주의 영을 보내어 저희를 창조하사 지면을 새롭게 하시나이다" 시104:30

그러므로 지금 이 순간에도 주의 영을 보내시어 나를 새롭게 창조하기를 원하시는 하나님을 내 삶의 중심에 모실 때, 비로소 내게서 더 나은 삶이 시작되고 그러한 삶을 향한 여정이 시작될 것입니다.

<더 나은 삶을 위한 물음>

1. 나 자신이 삶의 주인이 되면 안 되는 이유는 무엇입니까?

2. 창조주 하나님께서 지금도 일하시는 증거는 무엇입니까?

3. 이 큰 우주를 창조하고 다스리시는 하나님께서 우리를 이 땅에 보내셨다는 사실에 당신은 어떻게 반응하시겠습니까?

2. 가인의 문화 떠나기

창세기 4장 16~24절

"16 가인이 여호와 앞을 떠나서 에덴 동쪽 놋 땅에 거주하더니 17 아내와 동침하매 그가 임신하여 에녹을 낳은지라 가인이 성을 쌓고 그의 아들의 이름으로 성을 이름하여 에녹이라 하니라 18 에녹이 이랏을 낳고 이랏은 므후야엘을 낳고 므후야엘은 므드사엘을 낳고 므드사엘은 라멕을 낳았더라 19 라멕이 두 아내를 맞이하였으니 하나의 이름은 아다요 하나의 이름은 씰라였더라 20 아다는 야발을 낳았으니 그는 장막에 거주하며 가축을 치는 자의 조상이 되었고 21 그의 아우의 이름은 유발이니 그는 수금과 퉁소를 잡는 모든 자의 조상이 되었으며 22 씰라는 두발가인을 낳았으니 그는 구리와 쇠로 여러 가지 기구를 만드는 자요 두발가인의 누이는 나아마였더라 23 라멕이 아내들에게 이르되 아다와 씰라여 내 목소리를 들으라 라멕의 아내들이여 내 말을 들으라 나의 상처로 말미암아 내가 사람을 죽였고 나의 상함으로 말미암아 소년을 죽였도다 24 가인을 위하여는 벌이 칠 배일진대 라멕을 위하여는 벌이 칠십칠 배이리로다 하였더라"

이 세상의 수많은 피조물 중에 시간의 흐름에 따라 문화와 문명을 개발하는 존재는 인간밖에 없습니다. 새가 집을 짓는 과정을 보면 참으로 경이롭긴 하지만, 100년이나 지금이나 똑같습니다. 외관상 인간과 닮은 유인원들도 과거와 조금도 다를 바 없이 여전히 똑같이 살고 있습니다. 하지만 유독 인간은 흙집에서 초가집, 벽돌집, 그리고 오늘날 눈부신 초고층의 건물에 이르기까지 주거문화에서 놀라운 발전을 이루었습니다. 뿐만 아니라 인간은 농경문화에서 산업을 발전시켜 공업화, 기계화, 그리고 이제는 정보화의 세상을 이루었습니다. 그러면서 사람들은 자연스럽게 농촌보다는 도시를 더 선호하게 되었습니다. 도시는 농촌에 비해 직업이 다양하고, 경제활동도 용이하며, 더 나은 주거환경과 놀거리와 볼거리도 많습니다. 그렇다보니 농촌보다 도시가 사람들에게 훨씬 매력적인 환경이 되었습니다. 특히 젊은 사람들에게 도시는 그 어느 때보다도 더욱 선망의 대상이 되었습니다.

그런데 이러한 도시의 구조와 문화가 정말 모든 사람들에게 바른 행복을 가져다주고 있는 것일까요? 몇 년 전 「뉴질랜드해럴드」에 오클랜드 도시의 집 한 채 값이면 캐나다의 작은 섬 하나를 구입할 수 있다는 기사가 실렸습니다. 다소 과장인 것처럼 보이지만, 그만큼 대도시의 집값이 비싸다는 것이지요. 대학을 졸업한 젊은 부부가 맞벌이를 하면서 집을 산다 해도 이후 수십 년의 세월을 주택융자를 갚으며 힘들게 보내야 한다는 것은 어제 오늘의 이야기가 아닙니다. 게다가 생활비와 자녀 교육비까지 감당하려면 그야말로 힘에 부치도록 일을 해야만 겨우 살아남을 수 있는 상황이 되었습니다. 그래서 누군가는 이를 가리켜 현대판 노예의 삶이라고 지적하기도 합니다.

이렇듯 오늘날 도시의 삶은 한 마디로 고달픈 삶입니다. 도시에서 윤택한 삶을 누리기 위해서는 어떤 분야에서든지 일단 성공해야만 합니다. 성공하기만 하면 돈을 벌 수도 있고 돈이 주는 수많은 혜택들을 마음껏 누릴 수도 있습니다. 그렇기 때문에 모두가 성공을 위해 앞만 보며 질주하고, 그렇다보니 그야말로 과다경쟁이 이루 말할 수 없는 지경이 되었습니다. 당연히 그런 과정에서 수많은 갈등과 스트레스를 받게 될 뿐 아니라 무수한 범죄들이 일어날 수밖에 없습니다.

도시는 어디에서 왔을까?

적지 않은 학자들이 가인과 그의 후예들이 도시를 세웠다고 말합니다.

> "가인이 여호와의 앞을 떠나서 에덴 동쪽 놋 땅에 거주하더니 아내와 동침하매 그가 임신하여 에녹을 낳은지라 가인이 성을 쌓고 그의 아들의 이름으로 성을 이름하여 에녹이라 하니라" 창 4:16~17

가인은 에덴의 동쪽 놋 땅에 가서 자녀를 낳고 성을 쌓은 뒤, 그 이름을 '에녹'이라 불렀습니다. 물론 에녹 성이 오늘날의 도시와 같은 개념은 아닐 것입니다. 그럼에도 에녹 성은 가인의 일행이 하나님을 떠나 스스로의 힘으로 자신을 보호하기 위해 성을 쌓고, 그들 자신을 위한 문화를 구축하기 시작했다는 데 그 핵심이 있습니다. 그러면 그들이 구축한 성과 그들의 문화의 특징은 어떠했을까요?

인간중심의 문명

가인은 하나님을 떠나 새로운 땅에 정착하였고 그곳에서 '에녹'을 낳았습니다. '에녹'은 '창설, 개시'라는 뜻을 지니는데, 웨런 위어스비 Warren Wiersbe는 이를 두고 가인이 새롭게 시작한 것, 곧 하나님 없는 세상을 창설하고 개설한 것이라고 주해했습니다. 다시 말해 가인은 "이제 더 이상 하나님의 보호하심과 인도하심은 없다. 나의 삶은 나 스스로 보호하고 안전을 도모하며 살겠다."라고 결심한 것입니다. 이후로 하나님을 떠난 가인과 그의 후손은 하나님의 보호하심과 인도하심 대신 스스로의 힘으로 살기 시작했고, 이를 위해 성을 쌓고 모든 수단과 방법을 동원하였습니다. 그리고 그 중심에 둔 것이 바로 자신의 행복과 쾌락이었습니다.

한편 창세기 4장에는 인류 최초로 두 여자를 아내로 삼은 사람이 등장합니다. 그의 이름은 라멕입니다. 이는 한 남자와 한 여자가 결혼함으로써 가정을 이루도록 하신 하나님의 뜻과 질서에 반하는 것으로, 가인의 후손과 그들이 만든 문명이 하나님의 뜻보다 자기 자신의 행복과 쾌락을 중시함으로써 결국 하나님의 뜻을 어기고 그분의 창조 질서에 대항하게 되었음을 보여주는 것이라 하겠습니다.

범죄의 증가

그러면 두 아내를 둔 라멕은 행복했을까요? 그렇지 않습니다. 한 남자와 두 여인이 사는 곳에는 반드시 갈등이 일어나게 되어있습니다. 그리고 이 갈등은 결국 폭력을 낳고, 그 폭력은 살인을 초래하게 됩니다.

"라멕이 아내들에게 이르되 아다와 씰라여 내 목소리를 들으라 라멕의 아내들이여 내 말을 들으라 나의 상처로 말미암아 내가 사람을 죽였고 나의 상함으로 말미암아 소년을 죽였도다" 창4:23

위의 구절은 창세기 4장에 등장하는 라멕의 시입니다. 여기서 한 젊은 소년이 라멕에게 어떤 잘못을 했는지 알 수 없지만, 여하튼 라멕은 그로 인해 자신이 마음의 상처를 받았다면서 그 젊은 소년을 죽였습니다. 그리고는 이를 그의 아내들에게 자랑합니다. 사람을 죽이고도 반성하거나 회개하기는커녕 오히려 뽐내듯 시를 지어 노래를 부르고 있는 것입니다. 정말이지 충격적인 일이 아닐 수 없는 이 사건은 하나님을 떠난 가인의 후손이 얼마나 타락했는지를 민낯 그대로 보여줍니다.

문화 예술의 발전과 산업화 구축

흥미로운 사실은 에녹 성을 쌓아 자신을 보호하고 자신의 쾌락을 위해 거슬리는 사람을 가차 없이 죽일 수 있는 가인의 후손들은 기술과 문화예술의 분야에서 능력이 대단했다는 점입니다.

> "아다는 야발을 낳았으니 그는 장막에 거주하며 가축을 치는 자의 조상이 되었고 그의 아우의 이름은 유발이니 그는 수금과 통소를 잡는 모든 자의 조상이 되었으며 씰라는 두발가인을 낳았으니 그는 구리와 쇠로 여러 가지 기구를 만드는 자요 두발가인의 누이는 나아마였더라" 창4:20~21

에녹 성을 쌓은 가인의 후손들은 도시문화의 근간인 촌락을 이루었을 뿐만 아니라 건축과 문화예술을 발전시키고 모든 영역에서 산업화를 이루기 시작했습니다. 그런데 여기서 중요한 사실은 그들이 이룩한 모든 문화는 하나님의 뜻과 그분의 영광을 드러내는 것과는 전혀 관계가 없었다는 점입니다. 오직 그들 자신의 이름을 내고 그들의 이기심을 채우는 데 이용되었을 뿐입니다.

라멕은 자신의 만용을 아내들과 사람들에게 알리기 위해 시를 짓고 노래로 표현하여 자신의 살인을 옹호했습니다. 그런데 오늘날 사람들이 부르는 가요와 드라마와 영화중에는 만나서는 안 될 사람들과의 관계를 미화하는 내용이 많습니다. 또한 죄로 인한 갈등을 증폭시켜서 보는 사람들로 하여금 흥미와 동정을 불러일으키려고 하는데, 막장이라고 하면서도 인기만 높으면 된다는 식입니다.

모르긴 해도 라멕이 죽인 소년의 집은 큰 상처를 입고 보복을 준비했을 것입니다. 결국 피는 피를 부르고 그럼으로써 계속해서 원수 관계를 만들어가는 세상이 되어갑니다. 그러므로 아무리 아름다운 음악과 시로 예술행위를 했다 하더라도, 그것은 결국 자신을 변호하고 자신의 이름을 내고 자신의 이기심을 채우기 위한 도구였을 뿐입니다.

성경은 이를 두고 한 마디로 '세상'이라고 말합니다. 이때 사용된 '세상'의 의미는 하나님께서 만드신 세상이 아니라, '하나님을 떠나 이룩한 문화와 문명의 세계'를 의미합니다. 요한은 이 '세상'에 대해 이렇게 경고합니다.

"이 세상이나 세상에 있는 것들을 사랑하지 말라 누구든지 세상을 사랑하면 아버지의 사랑이 그 안에 있지 아니하니 이는 세상에 있는 모든 것이 육신의 정욕과 안목의 정욕과 이생의 자랑이니 다 아버지께로부터 온 것이 아니요 세상으로부터 온 것이라. 이 세상도, 그 정욕도 지나가되 오직 하나님의 뜻을 행하는 자는 영원히 거하느니라"요일2:15~17

'세상'을 사랑하지 말라고 한 이유가 무엇입니까? 그것이 하나님을 떠난 문화이기 때문입니다. 아름다운 음악과 시로 낭만을 즐길 수 있을지 모르지만, 결국 하나님을 떠나 죄를 행한 자신을 변호하고 자신의 이름을 내고, 자신의 이기심을 채우기 위한 도구로 예술을 악용했을 뿐입니다. 이 모든 것의 출발이 어디입니까? 성경은 분명히 말합니다.

"가인이 여호와 앞을 떠나 에덴 동편 놋 땅에 거하였더니 ……
에녹을 낳은지라 가인이 성을 쌓고……"창4:16~17

우리에게는 가인이 쌓은 에녹 성에서 비롯된 문화와 오늘 우리가 누리고 있는 도시 문화의 상관관계를 알고 바로 분별하는 지혜가 절실히 필요합니다. 도시 문화가 우리를 행복하게 해준다는 고정관념을 뛰어넘는 사고의 전환이 있어야 합니다. 그러나 안타깝게도 오늘날 젊은 세대는 물론이고 대부분의 사람들이 이런 도시의 구조와 문화에서 벗어나지 못하고 있습니다. 몇 년 전 「이코노믹 리뷰ecomic review」에서 최근 중국에서 일어나는 일을 다큐멘터리로 제작한 것을 보았습니다.

중국 춘절 연휴기간의 어느 한적한 시골마을, 이제 겨우 초등학교에나 입학했을 법한 사내아이가 아빠와 손을 잡고 걷고 있었는데 시종 시무룩한 모습이다. 그러다 버스터미널에 도착하자 아이는 얼굴을 일그러뜨리며 울음을 터뜨렸다. 함께 따라온 할아버지가 애써 아이를 달래보려 하지만, 아이는 온몸으로 저항하면서 아빠에게 매달리기만 한다. 난감한 표정의 아빠는 이렇다 하는 말도 없이 아이를 할아버지에게 밀치듯이 맡기고는 서둘러 버스에 몸을 싣고 아이의 시선을 애써 외면한다. 매정하게 아이를 뿌리치고 버스를 타기는 했지만, 버스 안의 아빠도 아이를 보며 눈물을 글썽인다.

돈을 벌겠다고 고향을 떠나 도시에서 일을 하는 중국의 농민공의 숫자가 작년 말 기준으로 2억 6000만 명에 달한다. 이들은 도시로 가서 컨테이너 생활을 하며 돈을 벌어보겠다며 안간힘을 쓴다.

시골 조부모에게 맡겨진 아이들은 분리불안, 애정결핍 등 심각한 정신적 충격에 시달릴 뿐만 아니라 부모 없이 방치되어 사회적인 문제가 되고 있습니다. 중국 연변 지역의 조선족 가정 역시 부모가 돈을 벌기 위해 한국으로 떠남으로써 사회문제로 대두된 지 오래입니다.

　도시는 농촌과는 달리 힘든 육체적 노동을 하지 않아도 되는 직업이 많고, 또 비록 육체노동이라 하더라도 열심히 하면 농촌에 비해서 훨씬 더 많은 현금을 손에 넣을 수 있습니다. 뿐만 아니라 맛있는 음식과 재미있는 놀이를 즐길 수 있는 기회도 농촌보다 많은 것이 사실입니다. 때문에 많이 사람들이 도시 생활에 적응하느라 고생하면서도 조금만 더 버티면 도시가 주는 이러한 편리한 삶을 누릴 수 있다는 희망을 갖고 살아갑니다. 결국 도시는 농촌의 젊은 아빠들에게 강한 유혹의 대상이 되고, 그래서 그들은 자녀를 뒤에 두고 매몰차게 도시로 향합니다. 그러면서 비록 잠깐의 이별의 고통이 따르더라도 도시로 가서 돈을 더 많이 버는 것이 결국은 자녀를 위하는 길이라고 스스로를 위로합니다. 그러나 과연 이것이 바른 길일까요?

　도시의 삶이 인간에게 진정한 행복을 가져다 줄 수 있을까요? 또는 도시를 떠나 농촌에 살면 행복해질까요? 물론 도시나 농촌 같은 지역적인 환경이 행복의 결정적인 요인이라고 할 수는 없습니다. 그러나 우리는 도시생활이 아니면 행복해질 수 없다고 생각하는 오늘날의 문화에 깃든 신화를 분별해야 합니다. 사실 인간들이 구축해놓은 도시의 구조와 문화에는 사람들을 너무도 쉽게 무너뜨리는 많은 위험들이 도사리고 있기 때문입니다. 실제로 도시생활에는 편리함과 재미만 있는 것이 아니라 다음과 같은 현실적인 어려움들도 많습니다.

첫째, 주거비와 생활비가 비쌉니다. 집값은 천정부지로 치솟아 맞벌이 부부라도 평생 주택융자를 갚는 데 일생을 다 보내야 합니다.

둘째, 노동의 시간이 많습니다. 생활비가 많이 들다보니 어쩔 수 없이 일을 많이 해야 합니다. 아침 8시부터 오후 5시까지 일하는 것도 모자라 그 이후에도 두세 가지 일을 더 해야 자녀교육비를 마련할 수 있는 형편입니다. 그러다보니 일주일 중 하루라도 가족과 함께 예배하며 휴식하는 것조차 쉽지가 않습니다.

셋째, 경쟁적입니다. 더 많은 수입을 벌기 위해서는 어떻게든 더 높은 위치로 올라가야 합니다. 결국 경쟁적인 삶에서 벗어날 수 없습니다. 이런 경쟁구도에서는 옆에 있는 친구조차 라이벌이 되어 인간관계가 파괴되는 일이 비일비재합니다.

넷째, 환경오염이 심각합니다. 넘쳐나는 쓰레기와 차량의 증가로 말미암아 오염은 말할 것도 없고, 환경호르몬으로 인해 이전에 없었던 새로운 질병들에 시달리게 됩니다. 아토피는 이미 오래된 부작용이고, 불임, 기형아는 물론 원인 모를 질병들이 계속해서 나타납니다. 무엇보다 환경오염으로 인해 정신적 질환을 앓는 사람들이 늘어납니다.

다섯째, 인간의 기본적인 가치가 파괴됩니다. 앞서 언급한 중국의 한 가정처럼 돈을 벌기 위해 도시로 떠나는 부모가 늘어나면서 시골에 방치된 자녀들이 증가합니다, 설령 도시로 가족이 함께 와서 한 집에 살더라도 도시문화에 적응한 가족들은 서로가 바빠서 얼굴을 마주할 시간이 없습니다. 부모는 자녀를 돌볼 시간이 없고 자녀는 부모의 얼굴을 보기가 어렵습니다. 이런 이유들로 도시에서는 가족관계의 가치가 붕괴됩니다.

여섯째, 욕구불만이 커집니다. '가난이란 가진 것이 적은 것이 아니라 원하는 것이 많은 상태'라는 말이 있습니다. 도시에 살면 원하는 것이 점점 많아집니다. 다른 사람과의 비교에서 오는 상대적 빈곤도 점점 커집니다. 따라서 객관적으로는 물질적 형편이 나아지고 있음에도 불구하고 원하는 것이 점점 더 많아지기 때문에 상대적으로 점점 가난해지고 욕구불만의 상태가 됩니다. 이 욕구를 채우려는 인간의 욕망에서 결국 다양한 범죄가 발생합니다.

이런 점에서 창세기 4장은 우리에게 가인과 그 후손들이 이룩한 도시 문화의 부작용과 위험을 분별하는 지혜를 가지라고 경고하는 것으로 읽을 수 있습니다. 그렇다면 우리는 지금 도시를 떠나야 할까요? 그렇지 않습니다. 예수님께서도 세상을 떠나 산 속에서 홀로 살지 않으셨습니다. 오히려 문제 많은 세상 속으로 오셨고 군중들 속으로 들어가셨습니다. 하지만 동시에 그분께서는 세상의 삶에, 군중들의 삶에 동화되지 않으셨습니다. 그리고 이렇게 말씀하셨습니다.

"너희 빛을 사람 앞에 비취게 하여 저희로 너희 착한 행실을 보고 하늘에 계신 너희 아버지께 영광을 돌리게 하라"마5:16

우리는 예수님의 이런 가르침과 삶의 맥락에서 창세기 4장 25절의 말씀에 주목해야 합니다.

경건한 셋의 문화 기억하기

하나님께서는 아벨이 가인에게 죽임을 당한 이후에 아담과 하와에게 셋을 주셨는데, 셋은 가인 계통의 사람들과는 판이하게 달랐습니다. 성경은 이와 관련해 이렇게 기록합니다.

> "아담이 다시 자기 아내와 동침하매 그가 아들을 낳아 그의 이름을 셋이라 하였으니 이는 하나님이 내게 가인이 죽인 아벨 대신에 다른 씨를 주셨다 함이며 셋도 아들을 낳고 그의 이름을 에노스라 하였으며 그 때에 사람들이 비로소 여호와의 이름을 불렀더라" 창4:25~26

셋의 문화의 특징이 무엇일까요? 사실 딱히 문화라고 특징지을 만한 것이 별로 없습니다. 굳이 표현하자면, 단순한 삶의 스타일이라고 해야 할까요? 그들은 무엇보다 하나님의 이름을 부르며 그분을 예배했습니다. 그리고 자녀를 낳고 양육하며 함께 살았습니다. 이것이 전부입니다. 문화예술의 활동은커녕 아무런 놀이문화도 없습니다. 최첨단의 기술문명 시대를 사는 우리가 볼 때 그들의 삶은 정말 재미없어

보입니다.

그러나 이 셋의 계열이 이룬 삶의 문화와 양식을 함부로 판단해서는 안 됩니다. 아벨은 하나님께서 받으시는 제사를 드렸다는 이유로 형인 가인에게 죽임을 당했는데, 셋의 후손은 이 하나님께서 받으시는 제사, 곧 예배를 선택했다고 말할 수 있습니다. 또한 그들은 자녀를 선택했으며, 가족과 함께하는 것을 선택했습니다. 이런 점에서 셋의 후손은 가인의 후손과 정말 달랐습니다. 가인의 후예들은 자신들의 문화와 행복을 구축하는 일에 전념하면서 하나님께서 받으시는 예배는 뒷전이었습니다. 그런데 오늘날 우리가 살아가는 도시 구조와 문화가 다양한 요인들로 우리를 압박하면서 이러한 예배를 포기하도록 만들고 있습니다.

아담의 타락 이후 하나님께서 주신 약속의 말씀이 있는데, 바로 창세기 3장 15절 말씀입니다.

> "내가 너로 여자와 원수가 되게 하고 너의 후손도 여자의 후손과
> 원수가 되게 하리니 여자의 후손은 네 머리를 상하게 할 것이요
> 너는 그의 발꿈치를 상하게 할 것이니라 하시고"

여기서 하나님께서는 여인의 후손과 뱀의 후손이 서로 적개심을 품고 갈등이 있을 것이라고 말씀하십니다. 많은 학자들은 가인의 후손이 곧 뱀의 후손이고, 셋의 계열이 바로 여인의 후손이라고 말합니

다. 그러므로 오늘날 내가 어느 계열에 속해있는지 잘 분별하고 나의 삶을 선택할 수 있어야 합니다. 도시의 삶이냐 농촌의 삶이냐, 이것이 문제가 아니라 내가 가인의 문화를 선호하느냐 아니면 셋의 경건한 문화를 따르느냐, 이것이 중요합니다. 오늘 이 땅에서 더 나은 삶을 살기 위해 우리는 어떻게든 가인의 문화를 경계해야 합니다. 할 수만 있다면 그 문화를 떠나야 합니다.

<더 나은 삶을 위한 물음>

1. 가인이 이룩한 문화와 도시 문화의 유사함을 당신의 언어로 어떻게 표현할 수 있겠습니까?

2. 가인의 문화와 셋의 문화가 지향하는 삶의 형태의 차이는 무엇이겠습니까?

3. 가인의 문화 형태가 현재 당신의 삶에 준 영향이 있다면 무엇입니까?

3. 하나님께 돌아오기

룻기 1장 1~10절

"1 사사들이 치리하던 때에 그 땅에 흉년이 드니라 유다 베들레헴에 한 사람이 그의 아내와 두 아들을 데리고 모압 지방에 가서 거류하였는데 2 그 사람의 이름은 엘리멜렉이요 그의 아내의 이름은 나오미요 그의 두 아들의 이름은 말론과 기룐이니 유다 베들레헴 에브랏 사람들이더라 그들이 모압 지방에 들어가서 거기 살더니 3 나오미의 남편 엘리멜렉이 죽고 나오미와 그의 두 아들이 남았으며 4 그들은 모압 여자 중에서 그들의 아내를 맞이하였는데 하나의 이름은 오르바요 하나의 이름은 룻이더라 그들이 거기에 거주한 지 십 년쯤에 5 말론과 기룐 두 사람이 다 죽고 그 여인은 두 아들과 남편의 뒤에 남았더라 6 그 여인이 모압 지방에서 여호와께서 자기 백성을 돌보시사 그들에게 양식을 주셨다 함을 듣고 이에 두 며느리와 함께 일어나 모압 지방에서 돌아오려 하여 ⁷ 있던 곳에서 나오고 두 며느리도 그와 함께 하여 유다 땅으로 돌아오려고 길을 가다가 ⁸ 나오미가 두 며느리에게 이르되 너희는 각기 너희 어머니의 집으로 돌아가라 너희가 죽은 자들과 나를 선대한 것 같이 여호와께서 너희를 선대하시기를 원하며 ⁹ 여호와께서 너희에게 허락하사 각기 남편의 집에서 위로를 받게 하시기를 원하노라 하고 그들에게 입 맞추매 그들이 소리를 높여 울며 ¹⁰ 나오미에게 이르되 아니니이다 우리는 어머니와 함께 어머니의 백성에게로 돌아가겠나이다 하는지라"

살다보면 나의 기대와 달리 내 힘으로 어찌할 수 없는 위기에 내몰릴 때가 있습니다. 이럴 때는 어떻게 해야 할까요? 경영학의 대가들은 이구동성으로 위기를 만났을 때 '기본으로 돌아가라'고 조언합니다.

나오미는 남편 엘리멜렉과 함께 더 나은 삶의 환경을 찾아 유다 베들레헴을 떠나 모압으로 갔습니다. 그곳에서 10년 동안 살았지만 갑자기 남편과 두 아들이 죽자 졸지에 그녀는 두 며느리와 함께 과부가 됩니다. 정말 기가 막힌 상황이 아닐 수 없습니다. 누가 보더라도 실패한 가정임에 틀림없습니다. 그야말로 '하나님께 저주받은 삶'이라 말할 수 있을 것입니다. 그러나 어둠과 슬픔으로 시작한 룻기가 마지막 4장에 이르면 나오미와 룻뿐만 아니라 오고 오는 전 인류에게 다윗의 후손으로 오실 구원자 메시아의 소망의 빛을 보여줍니다. 그래서 룻기는 구약의 복음 중의 복음이라고 할 수 있습니다. 그러면 어떻게 이런 놀라운 일이 일어났을까요?

생각의 주파수를 하나님께

더 나은 삶의 출발은 더 나은 환경에 있는 것이 아닙니다. 오히려 그것은 하나님께 돌아오는 데 있습니다. 고통스런 나오미의 삶이 반전을 이룬 결정적인 동기 역시 '하나님께서 자기 백성을 돌아보셨다'라는 말씀을 들은 데 있었습니다.

"그 여인이 모압 지방에서 여호와께서 자기 백성을 돌보시사 그
들에게 양식을 주셨다 함을 듣고"룻1:6a

어려운 상황에 내몰린 자신의 처지에 민감하다보면 생각이 부정적
일 수밖에 없습니다. 나오미 역시 '어쩌다 내 인생이 이렇게 꼬였지?'
'내가 이러려고 모압 땅에 왔나?'라고 생각하기 쉬웠을 것입니다. 그
러나 나오미는 저주받은 것 같은 상황에서도 하나님께서 어떻게 일하
시는지에 관심을 두었습니다. 때문에 그녀는 '하나님께서 자기 백성
을 돌보셨다'라는 말씀에 마음을 열고 자신의 생각을 그 말씀에 두었
습니다. 그러자 하나님의 말씀이 그녀의 삶을 움직이기 시작했습니다.

당신은 지금까지 주로 누구의 말을 듣고 살아왔습니까? 언젠가 제
친구가 "하나님 중심, 성경 중심, 교회 중심이라고 해도 나는 마누라
중심이 제일 편하더라."라는 농담을 해서 모두 웃은 적이 있습니다.
물론 아내 중심도 주님의 말씀에 기초한 것이라면 그나마 다행이지
만, 실제로 많은 사람이 엉뚱한 사람의 말을 듣고 살다가 고통을 당하
곤 합니다.

저는 대학 4학년 때 설악산 졸업여행을 갔다가 용소폭포에 빠졌다
가 익사 직전에 구출된 적이 있습니다. 제가 30여 분 동안 의식을 잃
고 깨어나지 않자 교수님과 친구들이 발을 동동 구르며 힘껏 심폐소
생술을 했는데, 다행히 그런 중에 제가 웩하고 물을 토하자 다들 "살
았다!"라고 환호를 질렀습니다. 그런데 저는 바다가 많은 부산에서 주

로 자랐습니다. 하지만 그런데도 제가 수영을 못하는 이유는 오로지 무당이 저희 모친에게 한 말 한 마디 때문이었습니다. 즉 "두 아들을 물가에 가지 않도록 하라. 하루에 두 아들을 잃을 것이다."라는 무당의 말 때문에 형과 저는 제대로 물가 한 번 가보지 못했고, 자연히 수영을 배울 수 없었던 것입니다. 그런 제가 물에 빠져 죽을 뻔했다가 하나님의 은혜로 보너스 인생을 살고 있습니다.

제가 아는 분의 친구는 20대의 젊은 나이에 심심풀이로 점을 보러 갔다가 "당신은 아무리 못돼도 장관감 신랑을 만날 것이다."라는 말을 들었다고 합니다. 그녀는 얼마나 기분이 좋았을까요? 하지만 그 후 그녀는 남자와 선을 볼 때마다 상대방 남자에게 관심이 있는 것이 아니라 '이 남자가 장관감인가 아닌가?'에만 신경을 쓰게 되었고, 그러다보니 첫 눈에 장관감인 남자를 만나지 못해 60세가 넘은 지금까지 혼자 살고 있다고 합니다.

예, 사실 무당의 말은 대단히 현실적입니다. 그리고 매력적입니다. 거기에는 우리의 생각과 마음을 휘어잡아 꼼짝 못하게 만드는 힘이 있습니다. 그런데 오늘 우리가 사는 세상의 말들 또한 그 못지않게 모두 현실적이고 매력적입니다. 하지만 그렇다고 해서 하나님 말씀에 귀를 기울이지 않고 무당의 말을 듣다가는 인생 망치고 죽을 인생이 될 수 있습니다.

하나님께서는 지금도 말씀하십니다. 아름다운 세상을 창조하신 하나님께서 그분의 백성을 반드시 돌보신다는 것을 하늘의 별이 말하고, 숲속에서 지저귀는 새가 화려한 관현악단의 연주보다 더 웅장하고 선명하게 말하고 있습니다. 더군다나 그분께서는 믿는 자뿐만 아니라 믿지 않는 자에게까지 말씀하십니다.

"나를 존중히 여기는 자를 내가 존중히 여기고 나를 멸시하는 자를 내가 경멸하리라"삼상2:30

"주 예수를 믿으라 그리하면 너와 네 집이 구원을 받으리라"행16:31

"하나님을 사랑하는 자 곧 그의 뜻대로 부르심을 입은 자들에게는 모든 것이 합력하여 선을 이루느니라"롬8:28

이런 위대한 말씀들이 울려 퍼지고 있는데도 사람들은 듣지 못합니다. 아니 듣지 않습니다. 못 듣는 이유가 무엇일까요?

「워싱턴포스트」 칼럼니스트인 진 바인가르텐Gene Weingarten은 당대 최고의 바이올리니스트인 죠수아 벨Joshua Bell을 설득하여 사람들에게 광고하지 않고 워싱턴 DC 지하철의 어느 한 역에서 연주하면 어떤 일이 일어날지 보자고 했습니다. 죠수아 벨을 알아본 사람들이 한꺼번에 몰릴 테니 안전에 각별히 신경 써야 할 것이라는 의견도 있었습니다. 드디어 2007년 1월, 죠수아 벨이 1713년에 제작된 최고의 바이

올린인 스트라디바리우스를 들고 나가 자신의 레퍼토리 중에서 가장 아름다운 곡 여섯 곡을 45분 동안 연주했습니다. 당대 최고의 바이올리니스트가 최고의 악기를 가지고 연주한 것입니다. 그런데 곧 놀라운 일이 일어났습니다. 연주가 계속되는 동안 1,070명의 사람들이 지나갔는데, 대부분이 그냥 지나쳐 간 것입니다. 다만 잠시 멈추어 서서 1분 가량 듣는 사람이 7명이었고, 27명의 사람들이 돈을 던져줬는데, 그 액수는 고작 32달러에 불과했습니다. 당대 최고의 연주가 계속 울려 퍼졌는데도 사람들은 알아보지 못하고 지나쳐 갔습니다.

그런데 이와 비슷한 일이 우리에게서도 일어나고 있습니다. 곧 우리 생애를 최고로 값지게 누리게 할 하나님의 말씀이 지금 우리에게 계속 들려지고 있는 것입니다. 하나님께서 지으신 모든 창조물이 각자가 지닌 최고의 실력을 뽐내며 노래하고 연주하고 있습니다. 그런데도 많은 사람들이 이 놀라운 연주들을 듣지 못합니다. 이 연주들이 그들의 귀에 들리지 않는 이유에 관해 사도요한은 이렇게 말합니다.

"이 세상이나 세상에 있는 것들을 사랑하지 말라 누구든지 세상을 사랑하면 아버지의 사랑이 그 안에 있지 아니하니"요일2:15

사랑한다는 것은 빠진다는 것입니다. 사람이 그 무엇에 빠지면 아무리 옳은 말을 한다 하더라도 듣지 못합니다. 아내가 아닌 다른 여자에게 바람난 남자들이 하나같이 하는 말이 있습니다. 곧 "그녀가 나의 인생의 의미를 발견하게 해주었다!"라는 것입니다. 과연 이런 사람들에게 "주께서 교회를 사랑함같이 네 아내를 사랑하라"는 말씀이 들릴까요? 생각의 주파수가 엉뚱한 데 맞춰져 있으면 들리지 않습니다.

궤도 수정

과거의 잘못된 선택으로 지금 현재 있지 말아야 할 장소에 있거나 혹은 해서는 안 될 일을 하는 가운데 있다면 그곳에서 속히 빠져나와야 합니다.

나오미는 하나님의 약속의 땅 베들레헴을 떠나 이방 땅인 모압에서 살고 있었습니다. 구약성경에서는 약속의 땅 가나안을 떠나 다른 땅, 즉 이집트나 모압 땅을 향해 내려가는 것을 영적타락으로 간주합니다. 예를 들어, 하나님께서는 아브라함이 가나안 땅에 기근이 들어 이집트로 내려갔을 때 이를 기뻐하지 않으셨고, 훗날 그의 아들 이삭이 이집트로 내려가고자 할 때는 이를 허락하지 않으셨습니다. 이스라엘이란 나라를 건설한 후에도 선지자들은 이방의 제국인 이집트의 도움을 구하지 말고, 오직 하나님만을 의지하며 하나님께로 돌아오라고 외쳤습니다. 그분의 백성이 가지 말아야 할 곳에 가거나 그곳에 머물러 있을 때 그들에게 예기치 않은 불행이나 고난이 닥치는 것은 그곳을 나오라는 하나님의 경고의 말씀일 수 있습니다.

나오미가 더 나은 삶을 열 수 있었던 것은 그녀가 빠져나와야 할 곳에서 빠져나왔기 때문입니다.

"있던 곳에서 나오고 두 며느리도 그와 함께 하여 유다 땅으로 돌아오려고"룻1:7

나오미가 '모압 땅에서 나오다'라는 것은 곧 그녀가 '하나님께 돌아오다', '어제를 뉘우치고 회개하다', '하나님을 존중히 여기다'라는 의미입니다.

그렇다면 지금 당신이 빠져나와야 할 '모압'은 무엇입니까? '모압'이란 하나님과 상관없이 당신에게 안전과 평안, 기쁨을 제공하면서 유혹하는 것이요, 예기치 않았던 인생의 흉년의 때에 의지하고 싶은 일체의 것이라 할 수 있습니다. 그렇기 때문에 그곳에 있으면 한동안 너무 편안해서 정말 떠나기 싫을 수도 있습니다. 예를 들어, 누군가에게는 부적절한 사업, 부절적한 인간관계, 잘못인 줄 알면서도 어쩔 수 없이 머물러 있어야 하는 상황, 다른 사람이 보면 숨기고 싶은 은밀한 사생활 등이 '모압'일 수 있습니다. 또 누군가에게는 게임중독이나 인터넷 성인사이트 등이 '모압'일 수도 있습니다. 반면 이와 달리 다른 누군가에게는 지금까지 하나님을 섬겼는데 왜 이런 일이 내게 일어날까 하는 불평과 원망, 또는 부정적인 생각 등이 '모압'일 수 있습니다. 이렇듯 지금 이 순간 우리를 현실적으로 강력하게 유혹하며, 그럼으로써 결국 하나님을 존중히 여기지 못하도록 하는 모든 것이 오늘 우리의 '모압'인 것입니다.

한편 나오미가 모압 땅을 떠나 고향인 유다 땅으로 돌아오는 것은 고향사람들에게 자신의 수치를 드러내는 매우 힘든 일이었을 것입니다. 그러나 그녀가 결단했을 때 그녀에게 새로운 삶이 열렸습니다.

임신인 줄 모르고 감기약을 지어먹었는데 알고 보니 임신하고 있었던 가정이 있었습니다. 그런데 옆에서 약사인 친척이 한 마디 거듭니다.

"당신이 먹은 감기약은 임산부에게 치명적입니다. 잘못하면 기형아를 낳을 수 있습니다."

믿음이 있는 부부였지만 기형아를 낳을 수 있다는 약사의 말에 이만저만 고민이 아니었습니다. 결국 그 부부는 목사인 제게 상담을 요청했습니다. 저 역시 많은 생각이 스쳐지나갔지만, 이렇게 조언했습니다.

"생명은 하나님께서 주시는 것입니다. (기형이든 기형이 아니든) 하나님을 믿고 낳으세요!"

감사하게도 그 부부는 목사의 말에 순종했습니다. 그리고 하나님께서는 그 가정에 건강하고 잘생긴 아들을 주셨습니다.

당신이라면 어떻게 했겠습니까? 하나님의 뜻을 존중하고 순종하는 것은 결코 쉬운 일이 아닙니다. 그러나 하나님의 뜻에 순종할 때 비로소 새로운 세계가 열리게 됩니다. 이와 관련해 성경은 많은 이야기를 해줍니다.

먼저 가나의 혼인잔치 이야기가 있습니다. 어느 날 가나의 혼인잔치에서 포도주가 모자라는데, 예수님께서는 뜬금없이 하인들에게 항아리에 물을 채우라고 하셨습니다. 하인들은 마지못해 시키는 대로 했습니다. 그런데 황당하게도 이제는 그 물을 떠서 손님들에게 갖다 주라고 하십니다. 당신이 하인이었다면 어떻게 했을까요? 자칫하면 하인들은 손님들로부터 "지금 우리 물 먹이냐?"라는 소리를 들으면서 뺨을 맞을 수도 있는 상황이었습니다. 그러나 이러한 갈등과 선택의 상황에서 말씀에 순종했을 때 그들은 혼인잔칫상에 맛좋은 포도주를 제공할 수 있었습니다.

또한 여리고 성의 이야기도 있습니다. 이스라엘 백성들이 40년의 광야생활을 끝내고 요단 강을 건너 철벽과도 같은 여리고 성을 공격할 때, 하나님께서는 그들에게 "하루에 한 바퀴씩, 그리고 마지막 칠일 째는 일곱 바퀴를 돌라."라고 말씀하셨습니다. 아마도 처음에는 그들도 마지못해 순종했을 것입니다. 하지만 이삼 일 돌고난 뒤부터는 '아, 진짜 돌겠네!'라며 속으로 원망하기 시작했을 것입니다. 하지만 그와 같은 원망과 갈등의 상황 가운데서도 그들이 순종하면서 마지막 칠일 째 일곱 바퀴를 돈 후 말씀에 따라 크게 함성을 질렀을 때 여리고 성이 무너졌고, 그들은 승리의 기쁨을 누릴 수 있었습니다.

과거에는 세상을 사랑하고 자기를 사랑하는 현실적인 사람이어서 잘못 선택했다 하더라도, 이제 믿음의 사람이 되어 그 선택이 잘못임을 깨닫게 되었다면 서둘러 이전에 잘못 선택한 곳에서 나와야 합니다. 하나님께서는 과거에 아무리 큰 잘못을 했다 하더라도 하나님께로 돌아오는 사람을 결코 내치거나 외면치 않으십니다. 오히려 하나님께서는 그를 따뜻하게 돌보십니다. 우리 같으면 "너 잘 살겠다고 모압 땅에 갈 때 알아봤다!"라며 배척하고 내치겠지만, 하나님께서는 결코 그렇게 하지 않으십니다. 하나님께서는 그분 앞에 나와 회개하는 자를 반드시 따뜻하게 안으시며 돌아보십니다.

사사기를 보세요. 사사 시대에 이스라엘 백성들은 하나님이 아닌 우상을 섬기다가 주변 민족들의 압제를 받고 그들에게 추수한 곡식을 다 빼앗기고 어려움을 당하게 됩니다. 그러면 그때서야 비로소 정신을 차리고 하나님께 회개하며 나옵니다. 그러면 하나님께서는 그때마다 사사를 보내시어 그들을 구원하고 회복시키십니다. 이런 점에서는 룻기도 마찬가지입니다. 나오미가 그 가족과 함께 하나님을 떠나 모압으로 갔다가 큰 어려움을 겪은 후, 며느리 룻과 함께 다시 하나님께로 돌아왔을 때, 하나님께서는 그들을 내치지 않으시고 돌보십니다.

"여인들이 나오미에게 이르되 찬송할지로다 여호와께서 오늘 네게 기업 무를 자가 없게 하지 아니하셨도다"룻4:14a

나오미가 룻과 보아스에게서 얻은 손자 오벳을 안고 나오자 고향 사람들이 나오미를 보며 축하합니다. 이방인 며느리 룻이 다윗의 가문을 이은 것은 우리의 이성과 경험으로는 꿈에도 생각할 수 없는 놀라운 일입니다. 하지만 하나님께서는 그와 같은 놀라운 방법으로 그분께서 약속하신 대로 그분의 백성을 돌보시고 지키셨습니다. 그리고 그 하나님께서 지금도 당신을 돌보시고 지키십니다.

현재 있는 것에 초점 두기

보통 사람들은 나오미와 같은 상황이 될 경우, '난 남편도 잃고 두 아들까지도 다 잃어버렸다.'라고 생각하기 쉬울 것입니다. 그런데 이렇게 잃어버린 가족, 잃어버린 친구, 잃어버린 사업체, 잃어버린 돈, 잃어버린 명예 등 잃어버린 것에만 초점을 두게 되면, 누구나 온 몸에 힘이 다 빠져나갈 수밖에 없습니다. 사실 고대의 농경문화권에서 남편과 아들을 모두 잃고 과부가 되는 것은 그야말로 모든 것을 다 잃은 것이나 마찬가지였습니다. 그것은 오늘날과는 비교할 수 없을 정도로 절망적인 상황입니다. 그들은 완전한 거지 신세가 됩니다. 실제로 나오미와 룻은 거지가 되어 보아스의 밭에 가서 이삭을 주워서 끼니를 연명해야하는 처지가 되었습니다. 그런데 성경은 이런 상황에서도 우리가 어디에 주목해야 할 지를 깨닫게 합니다. 1장 3절과 5절을 자세히 보십시오.

"나오미의 남편 엘리멜렉이 죽고 나오미와 그의 두 아들이 남았으며"3절

"말론과 기룐 두 사람이 다 죽고 그 여인은 두 아들과 남편의 뒤에 남았더라"5절

사람들은 잃어버린 것에 초점을 두지만, 성경 룻기는 남편이 죽었을 때도 "두 아들이 남았으며", 두 아들이 죽었을 때에도 "그 여인은 두 아들과 남편의 뒤에 남았으며"라고 기록함으로써 '남아있다'라는 사실을 힘주어 강조합니다. 그러므로 우리 또한 말씀을 따라 비록 과거의 어느 한 순간에 잘못 생각해서 거의 모든 것을 잃어버린 때라도 현재 우리에게 남아있는 것에 집중해야 합니다. 그 어떤 실패와 손해를 본 경우에라도 남아있는 것이 분명히 있기 때문입니다.

하나님께서는 잃은 것에 초점을 두기보다 남아있는 것에서 회복하기를 기뻐하시는 분입니다. 그래서 아담과 하와가 사탄의 유혹에 빠져 하나님과의 친밀함을 잃어버렸을 때에도 하나님께서는 "네가 어디 있느냐?"라고 물으시고 수치심과 두려움에 떠는 그들에게 가죽옷을 지어 입히셨습니다. 또한 모세가 젊은 혈기로 사람을 죽이고 미디안 광야로 도망갔을 때도 왕자의 지위와 권력, 명예, 재산 등 모든 것을 잃은 그에게 하나님께서는 이렇게 물으셨습니다.

"여호와께서 그에게 이르시되 네 손에 있는 것이 무엇이냐 그가
이르되 지팡이니이다"출4:2

지팡이로 무엇을 할 수 있겠습니까? 하지만 하나님께서는 "현재
네 손에 있는 것이 무엇이냐?"라고 물으심으로써 모세에게 남아있는
것에서부터 시작하게 하셨습니다. 즉 "그 지팡이를 들고 바로에게 가
라."라고 말씀하셨습니다.

현재 내게 남아있는 것을 결코 가볍게 취급하지 마십시오. 현재 내
게 남아있는 것이 아무리 보잘것없을지라도 하나님의 말씀을 믿고 나
갈 때 하나님께서 역사하십니다. 이사야서를 보십시오. 수많은 이스
라엘 백성들이 타락하여 하나님을 등지고 우상을 섬기는 행위를 일삼
자 하나님께서 그들을 징계하시어 바벨론의 포로가 되게 하시고 많은
사람들을 죽음에 이르게 하십니다. 그러한 상황 속에서도 하나님께서
는 이사야를 통해 "그루터기는 남아있을 것이다."라고 말씀하십니다.

남아있는 것이 아무 것도 없고 나 혼자뿐입니까? 그러면 나 혼자
에서 출발하십시오. 남아있는 것이 가난입니까? 그러면 가난과 함께
일어서십시오. 한쪽 팔과 한쪽 발만이 남아 있습니까? 그러면 그것으
로부터 시작하는 것입니다.

지금 우리 앞에 남은 생애를 살아갈 때도 전혀 예상치 않은 어려운
상황들을 만날 수 있습니다. 그럴 때라도 하나님의 뜻에 순종하여 나
가고자 할 때, 다음과 같은 엔드류 머레이 목사의 말을 마음에 새겨두

십시오

나는 하나님의 명령으로 이곳에 있다.
나는 하나님의 보호를 받고 있다.
나는 지금 하나님의 때에 있다.

우리와 우리 자녀의 미래에 어떤 일이 일어날지 아무도 모릅니다. 하지만 설령 나오미와 같은 기가 막힌 상황에 처한다 할지라도 그 가운데서 결코 잊어서는 안 될 말씀이 있습니다. 그것은 "하나님께서는 자기 백성을 돌보십니다."라는 것입니다. 당신 인생의 끝은 결코 여기가 아닙니다. 당신의 생각의 주파수를 하나님께 두고 하나님께로 다시 돌아올 때, 분명히 더 나은 삶이 열릴 것입니다.

<더 나은 삶을 위한 물음>

1. 당신이 하나님의 백성으로서 잃어버린 '기본'은 무엇입니까?

2. 구체적으로 당신의 삶의 궤도를 수정해야 할 것은 무엇입니까?

3. '더 나은 삶'을 위해 현재 붙잡고 일어서야 할 것은 무엇입니까?

4. 마태의 뒤를 따르기

마태복음 9장 9~13절

"9 예수께서 그 곳을 떠나 지나가시다가 마태라 하는 사람이 세
관에 앉아 있는 것을 보시고 이르시되 나를 따르라 하시니 일어
나 따르니라 10 예수께서 마태의 집에서 앉아 음식을 잡수실 때
에 많은 세리와 죄인들이 와서 예수와 그의 제자들과 함께 앉았
더니 11 바리새인들이 보고 그의 제자들에게 이르되 어찌하여 너
희 선생은 세리와 죄인들과 함께 잡수시느냐 12 예수께서 들으시
고 이르시되 건강한 자에게는 의사가 쓸 데 없고 병든 자에게라
야 쓸 데 있느니라 13 너희는 가서 내가 긍휼을 원하고 제사를 원
하지 아니하노라 하신 뜻이 무엇인지 배우라 나는 의인을 부르
러 온 것이 아니요 죄인을 부르러 왔노라 하시니라"

만약 누군가 당신에게 "지금보다 더 나은 삶을 누리려면 무엇이 필요하다고 생각하세요?"라고 묻는다면, 어떻게 대답하겠습니까? 아마도 대부분의 사람들은 "돈 좀 더 있고, 친구도 있고, 건강해서 편안하게 살면 좋겠어요."라고 말할 것입니다. 그런데 정말 그럴까요?

미국의 아리조나주에 선밸리Sun Valley라는 곳이 있습니다. 억만장자들이 은퇴 후 사는 지역으로, 아름다운 자연환경과 현대화된 편의시설이 잘 갖춰진 곳입니다. 거기에는 노숙자도 없고, 소음도 없습니다. 자동차도 25㎞이하의 속도로 제한될 만큼 정말로 평안한 곳입니다. 한국의 의사 이시형 박사가 직접 방문해서 지상낙원이 있다면 바로 이곳일 거라고 말할 정도였으니 정말로 안락하기 그지없는 곳입니다.

그런데 한 연구결과에 따르면, 그곳 사람들은 보통사람보다 오히려 치매 발병률이 훨씬 높다고 합니다. 또한 흥미롭게도 처음에 그곳에 들어온 사람 중 많은 사람들이 어느 정도 살다가는 다시 복잡하고 시끄러운, 그들이 원래 살던 동네로 돌아간다고 합니다. 이는 아무리 잘 갖추어진 외부조건이라 하더라도 그것이 행복을 보장해주는 것은 아님을 말해줍니다.

이와 관련해 성경에서 대표적인 사람을 뽑으라면 마태를 들 수 있습니다. 그는 돈을 정말로 잘 버는 세리였습니다. 언뜻 보기에 훌륭한 외부조건을 가졌던 사람이라 할 수 있습니다. 하지만 그는 갑자기 그좋은 직장을 그만두고 완전히 새로운 삶을 선택합니다. 그리고 전승에 따르면, 그는 그 후 예루살렘에서 15년을 더 지내다가 아프리카의

에티오피아와 이집트까지 가서 복음으로 사람을 살리는 일을 하다가 순교당합니다. 대체 마태에게 무슨 일이 일어났던 것일까요? 마태는 자신이 기록한 마태복음을 통해 그 일에 대해 이렇게 기록합니다.

"예수께서 그 곳을 떠나 지나가시다가 마태라 하는 사람이 세관에 앉아 있는 것을 보시고 이르시되 나를 따르라 하시니 일어나 따르니라"마9:9

마태가 이렇게 자기 자신의 변신에 대해 기록한 이유가 무엇일까요? 그것은 혹시 어제의 자신처럼 살지 말고 지금이라도 바른 선택을 하여 더 나은 삶을 살았으면 좋겠다고 호소하고자 한 것이 아닐까요?

현재의 삶을 돌아보기

현재 나의 삶은 과거의 내가 선택한 삶의 결과입니다. 마태가 세리가 된 것은 과거에 마태가 선택한 삶이었습니다. 세리가 되기 전에 그는 세리가 되면 더 나은 삶, 더 행복한 삶이 찾아올 것이라고 생각했을 것입니다. 그런데 정작 세리가 되어 자신이 바라던 삶을 살다가 왜 갑자기 그 직장을 그만두었을까요? 그것은 아마도 그동안의 자신의 삶을 고민한 결과였을 것입니다.

사실 성경은 마태가 어떻게 해서 세리가 되었는지 알려주지 않습니다. 하지만 당시 사회에서 세리라는 신분 또는 직업이 지닌 의미에 관해 조금만 생각해보면 마태가 세리가 되고자 했던 이유를 어렵지 않게 짐작해볼 수 있습니다. 먼저 그는 당시 유대사회에서 뿐만 아니라 오늘날 우리사회에까지도 만연되어 있는 '돈이면 다 된다'라는 생각에 물들어 있던 청년이었음에 틀림없습니다. 때문에 그는 분명 이렇게 생각했을 것입니다. "돈만 있으면 지금보다 더 나은 삶을 누리고 멋지게 살 수 있을 거야!"

마태는 어떻게 하면 돈을 더 빨리, 더 많이 벌 수 있는지 생각하다가 로마 제국이 지배하는 사회에서 세리만큼 돈을 잘 벌 수 있는 직업이 없다고 생각했을 것입니다. 왜냐하면 당시 세리는 유대 백성들에게 과도하게 세금을 부과한 뒤 로마 제국이 요구하는 정도만 넘겨주고 나머지는 자기 수입으로 챙겼으므로 빠른 시간 내에 엄청난 부를 이룰 수 있었기 때문입니다. 그래서 그들에게는 '면허증 가진 강도'라는 별명까지 붙을 정도였습니다.

사람이 한번 돈에 눈이 어두워지면, 그다음부터는 자신의 가문이나 체면은 물론이고 자신의 민족조차 보이지 않게 됩니다. 오히려 명예나 체면 같은 것은 약자들의 잠꼬대로밖에 들리지 않습니다. 아마 청년 시절의 마태 역시도 그랬을 것입니다. 그는 '일단 몇 년 만 얼굴에 철판을 깔고 돈을 번 다음 그때 선심을 쓰면 사람들이 다 나를 존경할거야! 돈에 넘어가지 않는 사람이 어디 있어!'라고 착각하면서,

자기 민족을 정복한 로마 제국에게 유대 백성들로부터 거둔 세금을 갖다 바치는 한편 자신의 수입을 톡톡히 챙겼을 것입니다.

그러면 마태가 무식해서 그런 선택을 했을까요? 그렇지 않습니다. 사실 세계 모든 나라의 역사를 살펴볼 때, 매국노나 나라를 팔아먹는 부류의 사람치고 무식한 사람은 거의 없습니다. 오히려 대부분이 똑똑한 사람들입니다. 마태도 마찬가지였을 겁니다. 그는 무식한 사람이 아니었습니다. 그는 자신의 지혜를 이용해 자신의 계산과 방식대로 돈을 많이 벌어 자리도 잡고 물질적으로 풍족히 누리며 살게 되었습니다. 하지만 그런 만큼 그는 당시 유대사회로부터 온갖 비난과 모욕을 받아야 했습니다. 실제로 당시 유대사회에서 세리는 법정에 증인으로 설 수도 없을 만큼 파렴치한 악당으로, 전혀 신뢰할 수 없는 죄인으로 낙인찍힌 부류였습니다.

그런데도 마태가 정말 행복했을까요? 아마 아니었을 겁니다. 오히려 마태는 그때서야 자신이 선택한 것이 잘못되었음을 깨달았을 것입니다. 그리고 현재보다 더 나은 삶에 대해 진지하게 고민하기 시작했을 것입니다. 그렇다면 그때까지 더 나은 삶을 위해 필요한 것이 돈이라고 생각했던 마태가 그러한 돈을 벌기 위해서 버리지 않으면 안 되었던 것들은 무엇이었을까요?

첫째로, 그것은 양심이었습니다. 앞에서 말했듯이, 당시 사회에서 세리라는 직업 자체가 양심에 거리끼는 일이었습니다. 그것은 동족들의 피를 빨아먹는 것과 다를 바 없는 일이었습니다. 그럴진대 그런 일을 하면서 마태에게 양심의 가책이 없었을까요? 아마도 그는 돈은 많이 벌었지만, 그만큼 그의 양심은 매우 괴로웠을 것입니다.

둘째로 그가 버려야만 했던 것은 신앙입니다. 그의 원래 이름은 '알패오의 아들 레위'였습니다. 레위 지파는 이스라엘의 열두 지파 중에 특별히 성전봉사를 위해 세워진 아론과 모세의 후손이었습니다. 따라서 마태는 제사장 가문이든지 아니면 성전에서 제사장을 돕는 레위인과 같은 성직자 가문의 출신이었을 것입니다.

"그 때에 여호와께서 레위 지파를 구별하여 여호와의 언약 궤를 메게 하며 여호와 앞에 서서 그를 섬기며 또 여호와의 이름으로 축복하게 하셨으니 그 일은 오늘까지 이르느니라"신10:8

그런데도 그는 양심도, 신앙도 뒤로 한 채 오직 돈을 향해 달렸습니다. 그것이 더 나은 삶이라고 굳게 믿었습니다. 돈이 많으면 하고 싶은 것을 하고 누리고 싶은 것을 누릴 수 있는 능력과 자유, 그리고 편리함과 편안함을 모두 얻을 수 있는 것이 사실입니다. 하지만 그렇다고 해서 더 많은 돈이 반드시 더 많은 행복을 가져다주는 것은 아닙니다. 오늘날 수많은 사람들이 지금도 로또Lotto의 당첨을 꿈꾸며 복권을 삽니다. 복권이 당첨되는 소원이 이루어지면 모든 걱정이 사라지고 행복해질 거라 믿습니다. 하지만 실세로는 '복권당첨자의 저주'라는 말까지 생길 정도로 복권이 당첨된다고 해서 꼭 행복해지는 것은 아닙니다.

대표적인 예로, 2002년 파워볼에 당첨된 잭 휘태커Jack Whittaker라는 사람이 있습니다. 당시 그는 세금을 공제하고도 9,300만 달러, 한화로 약 1,041억원이라는 돈을 받았습니다. 처음에는 이 돈으로 좋은 일도 많이 했습니다. 경기불안정으로 해고했던 직원 25명을 복직시키고 자선재단을 설립하는 등 바람직한 인생을 살아가는 듯 보였습니다. 하지만 결국 그는 사치와 도박으로 5년 만에 파산하고 맙니다. 더욱이 그의 외손녀는 마약중독으로 사망한데다가, 그 후 딸까지 사망하고, 부인과도 이혼하고 말았습니다. 하버드대학교의 심리학자 데니얼 길버트Daniel T. Gilbert 교수는 "로또가 주는 행복의 효과는 평균 3개월이 지나면 사라진다."라고 했습니다.

돈이 지금보다 더 나은 삶을 보장해주지는 못합니다. 지금 한번 자신을 돌아봅시다. 당신이 지금까지 신앙생활을 하면서 정말 붙잡기를 원한 것은 무엇입니까? 무엇이 당신을 움직였고, 또 무엇이 당신을 불행하게 하고 있는지 한번 진지하게 생각해 보아야 하지 않을까요?

만나야 할 사람

사람은 누구를 만나느냐에 따라 인생이 결정됩니다. 이민 사회에서는 처음 이민을 올 때, 누가 공항에 픽업을 나오느냐에 따라 직업과 거주지, 아이들의 학교가 결정된다는 말이 있습니다. 바보 청년 온달이 평강공주를 만나니 위대한 장수가 되지 않았습니까? 대궐의 궁녀나 무수리가 왕을 만나면 왕비가 되고, 가난한 사람이 부자 배우자를 만나면 부자가 되어 부를 누리게 됩니다. 그런데 이런 인간적인 만남과 상관없이 모든 인생이 반드시 만나야만 하는 만남이 있습니다. 바로 예수님과의 만남입니다.

세리 마태가 과거의 삶을 청산하고 완전히 새로운 사람이 되어, 수많은 사람들에게 새로운 삶을 살도록 지대한 영향력을 끼치는 가치 있고 의미 있는 삶을 살게 된 결정적인 이유는, 그가 다름 아닌 예수님을 제대로 만났기 때문입니다.

아마도 마태는 세리로 있을 때, 예수님에 관해 많이 들었을 것입니다. 즉 나사렛에서 온 예수라는 사람이 있는데, 그가 수많은 병자들을 고치고, 귀신을 내쫓고, 일반적인 랍비나 선생들과는 전혀 다른 가르침을 주고, 그래서 당시 종교지도자들을 매우 당황하게 만들고 있다는 소문을 말입니다. 그러나 그때까지 그는 예수님과 개인적으로 만나지도 못했고, 그분과 어떤 관계에 있지도 않았습니다. 하지만 그 소문을 들으면서 그는 "내 인생을 계속 이렇게 살아야 하나?"라는 고민을 더욱 진지하게 하기 시작했을 것입니다. 그러던 어느 날 예수님께서 그를 찾아오셔서 직접 그의 이름을 부르시며 "마태야, 나와 함께 가자."라고 말씀하시는 순간, 마태는 즉각적으로 결단했습니다. "맞아, 이 세리의 삶을 끝내고 예수님과 함께 더 나은 새로운 삶을 시작해야 해." 마태는 예수님을 선택했습니다. 그는 제대로 예수님을 만난 것입니다.

당신은 예수님을 얼마나 알고 있습니까? 예수님을 공자와 붓다, 마호메트와 함께 세계 4대 성인 중의 한 분 정도로만 알고 있지는 않습니까? 예수님께서는 우리를 위해 십자가에 달려 돌아가셨다가 사흘만에 죽음에서 부활하시고 승천하셨으며 훗날 다시 오실 것이라는 말을 많이 들었다고 해서 예수님을 안다고 말할 수는 없습니다.

혹시 나중에 예수님을 만나면 어떻게 인사하게 될까요? "말씀 많이 들었습니다!"라고 인사하지는 않을까요? 만일 그렇다면 그것은 예수님에 관해 말을 많이 들었을 뿐 개인적으로는 예수님을 알지는 못한다는 말에 지나지 않습니다. 예수님에 대해 아는 것과 예수님을 아는 것은 근본적으로 다르기 때문입니다.

이와 관련해 우스운 이야기가 하나 있습니다. 제가 아는 어떤 선배 목사 한 사람이 남미에 집회하러 갔는데, 거기서 생전 처음 보는 분이 "저는 목사님을 잘 압니다."라고 말하더랍니다. 그래서 그에게 어디서 자기를 만난 적이 있느냐고 물었더니, 그가 하는 말이 "인터넷으로 많이 보았습니다."라고 하더랍니다. 그는 선배 목사에 대해 아는 사람이었지 선배 목사를 아는 사람은 아니었던 것입니다.

히브리어로 '알다'라는 뜻을 지닌 '야다יֹרע'라는 단어는 개인적으로 친밀한 관계가 있을 때 사용하는 단어입니다. 따라서 교회를 아무리 오래 다녀도 마음으로 "내가 예수님을 믿고 따르겠습니다!"라고 결단하며 그분의 말씀을 삶에 적용하고 말씀대로 살려고 고민한 적이 없다면, 그는 예수님을 제대로 만난 것이 아닙니다.

"영접하는 자 곧 그 이름을 믿는 자들에게는 하나님의 자녀가 되는 권세를 주셨으니"요1:12

예수님을 영접한 사람들은 하나님의 자녀가 되는 새로운 관계 속으로 들어갑니다. 따라서 마태가 예수님을 따랐다는 것은, 그가 과거에는 악한 영에 속아 탐욕의 자녀로 살았지만, 이제는 하나님의 자녀가 되어 완전히 새로운 삶을 살게 되었다는 의미입니다.

'예수'라는 이름의 의미는 '자기 백성을 저희 죄에서 구원할 자'라는 뜻입니다. 한 마디로 '예수'라는 이름은 '구원'이라는 의미입니다. 그리고 '구원'이란 지금 매여 있는 모든 삶에서 자유를 얻게 될 뿐만 아니라 하나님의 자녀로 새롭게 살게 되는 것을 의미합니다. 그렇습니다. 예수님을 만나면 나의 죄가 사해지고 나의 삶에 구원이 일어납니다. 마태는 이 사실을 자신의 경험을 통해 증거하고 있는 것입니다.

그런데 여기서 우리가 주목해야 할 것이 한 가지 더 있습니다. 그것은 마태가 예수님을 찾은 것이 아니라, 예수님께서 먼저 마태를 찾아오셨다는 것입니다. 즉 예수님께서 먼저 마태를 찾아오셔서 "나를 따르라!"고 부르셨습니다. 더군다나 마태는 자신이 세관에 앉아 있을 때 예수님께서 그를 찾아오셨다고 기록합니다. "마태라 하는 사람이 세관에 앉아 있는 것을 보시고"마9:9. 여기서 '세관에 앉아 있다'라는 말은 근무 중에 있다는 의미입니다. 따라서 이를 좀 더 구체적으로 말하자면, 예수님께서는 마태가 일하고 있는 세관, 즉 마태가 죄를 지으며 돈을 벌고 있는 그 현장에 찾아 오셨다는 것입니다. 즉 예수님께서는 지금 양심도 팔아먹고 신앙도 뒤로한 채 돈을 버는 데만 몰두해 있는 마태를 찾아오신 것입니다.

하지만 예수님의 관심사는 마태의 직업이 아니었습니다. 그가 얼마나 못된 일을 하고 있는지 보시려고 오신 것도 아니었습니다. 예수님의 관심은 오직 '인간 마태'였을 뿐입니다. 마찬가지로 예수님께서는 현재 내가 어떤 자리에 있든지 내가 무엇을 하고 있든지 그 현장으로 찾아오시어 나를 부르십니다. 예수님의 관심은 오직 '인간 나'이기 때문입니다. 나의 적나라한 모습을 그대로 보시고 드러내시며, 거기서부터 나를 부르십니다. 나를 완전히 새롭게 변화시키십니다.

선택은 지금

예수님께서 마태에게 찾아오셨을 때는 어떤 면에서 열매가 익을 대로 익은 때라고 할 수 있습니다. 그랬기 때문에 예수님께서 찾아오시어 "나를 따르라"고 말씀하시자마자, 마태가 벌떡 일어나 자신의 부도덕한 직업을 정리하고 새로운 삶의 길을 선택했던 것입니다. 예수님의 음성을 듣는 순간 세상의 탐욕으로 어두워졌던 마태의 눈에서 비늘이 벗겨져 내렸습니다. 그러자 그동안 그렇게도 애착을 느꼈던 세리의 자리를 박차고 일어날 수 있게 되었습니다. 그리고 예수님을 믿고 하나님의 자녀로서의 삶을 선택할 수 있게 되었습니다.

지금 우리 역시 세리 마태처럼 더 나은 삶을 선택할 수 있는 최고의 순간에 서 있습니다. 현재의 삶을 정리하고 예수님을 제대로 만남으로써 하나님의 은혜 안에 가치 있는 삶을 누리는 선택을 하지 않겠습니까?

존 뉴턴John Newton 목사는 아주 악한 노예무역 상인이었지만 노예선이 풍랑을 만나 죽을 뻔한 위기에서 구사일생으로 살아남는 순간, 자신의 삶을 돌아보며 '이 직업은 아니다'라며 청산하고, 예수님을 제대로 만나 새로운 삶을 선택했습니다. 그는 이 은혜에 감사해서 "나 같은 죄인 살리신 주 은혜 놀라워Amazing Grace"라는 찬송시를 써서 주님을 찬양한 사람입니다. 사실 그는 부끄러웠던 과거의 삶에서 벗어나 남은 생을 오직 하나님의 은혜와 사랑만을 전하며 다른 사람을 살리는 데 바쳤던 사람입니다. 하지만 목사가 되어 이렇게 새로운 삶을 살게 된 이후에도 그는 노예무역을 했던 큰 죄가 마음속에서 지워지지 않아 계속 두려움에 시달렸다고 합니다. "아무리 예수님이 우리의 모든 죄를 짊어지셨다고 해도 나 같은 노예상인, 사람을 팔아먹던 못된 죄인까지 용서받을 수 있을까?"라고 말입니다. 하지만 언제부턴가 이런 생각으로 괴로울 때마다 이사야 43장 4절 말씀을 붙잡고 이겨냈다고 합니다.

"네가 내 눈에 보배롭고 존귀하며 내가 너를 사랑하였은즉"

'마태'라는 이름의 의미는 '하나님의 은혜'라는 뜻입니다. 세리였던 죄인이 하나님의 은혜를 받아 새로운 삶, 더 나은 삶을 살게 된 것을 기뻐하며 예수님께서 새롭게 지어주신 이름입니다. 세리 마태와 같은 못된 죄인도 예수님의 은혜로 구원받고 새사람이 되었습니다. 물론 우리는 마태처럼 못된 죄를 짓지 않았을 수도 있습니다. 하지만 그렇다 하더라도 우리 역시 하나님의 은혜가 필요한 죄인이라는 점에서는 마태와 다를 바가 없습니다. 사실 그 누구든 인간에게 있어 더 나은 삶은 돈으로도, 건강으로도, 그 외의 다른 어떤 것으로도 얻을 수 없습니다. 오직 예수님을 제대로 만나 하나님의 자녀로 새롭게 사는 은혜를 붙잡는 것만이 이 땅에서 더 나은 삶을 사는 유일한 길입니다.

"나를 따르라"

마태를 부르신 예수님께서 지금도 당신을 부르고 계십니다. 이제 당신은 마태처럼 현재 삶의 자리에서 벌떡 일어나 예수님을 따르겠습니까?

<더 나은 삶을 위한 물음>

1. '더 나은 삶'에 대한 보통사람들의 생각의 허점은 무엇입니까?

2. 마태가 어제 선택한 '더 나은 삶'과 세리가 된 이후 '더 나은 삶'의 차이가 있다면 무엇입니까?

3. 당신이 마태의 뒤를 따르기 원한다면 지금 정리해야 할 것은 무엇입니까?

제2장
더 나은 삶의 핵심

5. 자기를 부인하기

누가복음 9장 23~26절

"²³ 또 무리에게 이르시되 아무든지 나를 따라오려거든 자기를 부인하고 날마다 제 십자가를 지고 나를 따를 것이니라 ²⁴ 누구든지 제 목숨을 구원하고자 하면 잃을 것이요 누구든지 나를 위하여 제 목숨을 잃으면 구원하리라 ²⁵ 사람이 만일 온 천하를 얻고도 자기를 잃든지 빼앗기든지 하면 무엇이 유익하리요 ²⁶ 누구든지 나와 내 말을 부끄러워하면 인자도 자기와 아버지와 거룩한 천사들의 영광으로 올 때에 그 사람을 부끄러워하리라"

미국의 기독교 미래학자 레너드 스윗Leonard Sweet 박사가 2010년 한국을 방문했을 때 '예수결핍장애'라는 말을 했습니다. 교회에 예수님이 없다는 것을 빗대어 한 말이지요. 기자가 그 이유를 묻자 "교회에 예수복음 말고 다른 것이 너무 많이 들어와서 예수도, 성령도, 그분의 가르침도 없기 때문입니다."라고 답했습니다. 즉 교회에서 열심히 리더십을 말하고, 새로운 전략 프로그램과 미래를 말하고, 비즈니스 전문가를 초청하여 대담은 하는데, 정작 어디에도 예수님의 가르침은 없다고 일침을 가한 것입니다.

왜 이런 일이 일어나는 것일까요? 그것은 사람들이 예수님과 그분의 가르침을 부담스러워 하기 때문입니다. 한 마디로 예수님의 가르침을 날것 그대로 먹기가 너무 불편하다는 거죠. 그렇기 때문에 사람들이 좋아하는 이런저런 것을 많이 첨가하게 됩니다. 하지만 그렇게 첨가하다 보면 어느 순간 예수님의 가르침이 변질되고 맙니다. 예수님이 없는 예수님의 가르침이 되는 것이죠. 그런데 '더 나은 삶'의 초점은 '가르침'보다는 '예수님'께 있습니다. 즉 '더 나은 삶'이란 예수님 때문에 사는 것이요, 예수님 안에서 사는 삶입니다. 예수님 때문에, 예수님 안에서 살면서 예수님을 따라 하나님 나라를 경험하는 것입니다.

그러면 예수님을 따라 하나님 나라를 경험하는 '더 나은 삶'의 핵심요소는 무엇일까요?

자기 부인

더 나은 삶의 핵심요소 중 첫 번째는 단연 '자기부인'입니다. 사실 사람들은 언제나 좀 더 행복하고, 좀 더 많이 누리고, 좀 더 많이 얻기를 원합니다. 따라서 그런 사람들에게 '자기 부인'이란 말은 정말로 듣기 거북할 것입니다. 그럼에도 예수님께서는 분명하게 말씀하십니다.

"아무든지 나를 따라 오려거든 자기를 부인하고"눅9:23

오늘날과 같이 자아실현과 자기성공, 자기유익에 모든 것을 걸고 사는 사람들에게 예수님의 이런 말씀은 그야말로 충격적인 말씀이 아닐 수 없습니다. 우리는 복음전도를 할 때 사람들에게 항상 다음과 같은 긍정적인 말을 합니다. "예수님을 믿으면 구원을 얻습니다. 참된 행복과 풍성한 삶을 누릴 수 있습니다. 하나님께서는 우리가 건강하게 살고 부요해지기를 원하시는 분입니다. 때문에 예수님을 믿으면 가난을 넘어 풍요한 삶을 살게 됩니다. 예수님을 믿는 믿음은 너무 위대해서 악한 영의 괴롭힘에서 자유를 얻게 할 수 있습니다."

심리학의 영향을 받은 분들은 내면의 문제에 초점을 두면서 "예수님께서는 우리의 마음에 진정한 평화와 기쁨을 주기 위해 오셨습니다."라고 말하기도 합니다. 물론 모두 맞는 말입니다. 예수님께서도 친히 이렇게 말씀하셨기 때문입니다.

"내가 온 것은 양으로 생명을 얻게 하고 더 풍성히 얻게 하려는 것이라" 요10:10b

그런데 예수님께서는 풍성한 삶을 얻는 것만 말씀하신 것이 아니라 그것을 위해 지불해야 할 대가가 무엇인지에 대해서도 선명하게 말씀하셨습니다. 그런데 만약 후자를 무시한 채 예수님을 믿으므로 얻게 되는 유익만을 강조할 경우, 오늘날 비판의 대상이 되는 소위 '값싼 복음'이 되고 마는 것입니다.

얼마 전 적극적인 사고방식이 교회 안팎에 선풍적인 영향을 끼친 때가 있었습니다. 그 중심인물인 로버트 슐러Robert H. Schuller 목사는 그의 책 『자존감: 새로운 개혁』Self-Esteem: The New Reformation, 1982에서 "지금까지 신학이 너무 하나님 중심이었습니다. 새로운 개혁을 위해서는 인간 중심의 신학으로 대체해야 합니다. …… 하나님의 마스터플랜은 인간의 절실한 필요, 즉 존엄성과 자기존중, 자긍심, 자부심을 위해 계획된 것입니다."라고 말했습니다. 즉 새로운 개혁을 이루려면 전통적인 하나님 중심의 신학과 사고를 버리고 심리학을 내세우는 인간 중심, 자기존중의 신학을 받아들여야 한다는 것입니다. 또한 그에 따르면, 하나님의 궁극적인 목표는 우리가 자신감이 충만한 사람이 되는 것입니다.

하지만 이에 관해 미국 그레이스 커뮤니티 교회의 존 맥아더John F. Macarthur 목사는 이를 한 마디로 왜곡된 복음이라며 일침을 가했습니다. 그는 "로버트 슐러는 자아부정이 아니라 자아긍정을 해야 하고, 구원받기 원하는 사람은 스스로 보잘것없는 죄인으로 생각해서는 안 된다고 했는데, 이 말은 너무도 잘못된 것"이라고 강하게 반박하며, "진정한 자존감은 자신이 죄인임을 철저하게 인정하며 예수님 안에서 새롭게 되는 새 생명에 대한 긍정이지, 이런 과정 없이 인간의 자존감과 긍정만을 강조하는 것은 정말 위험합니다. 타락하고 부패한 본성을 지닌 인간이 '불가능은 없다', '할 수 있다' 하는 식의 자아긍정만을 한다면 정말로 위험하기 짝이 없는 것입니다."라고 말했습니다.

오늘날 세상에 고통이 더 심각해지는 이유가 무엇일까요? 그것은 타락한 사람들의 자기사랑 때문입니다딤후3:1~2. 그렇습니다. 복음은 인간 자체를 부정하는 것이 아닙니다. 그보다는 인간의 회복을 위해서는 타락한 옛사람을 부인하는 과정이 반드시 있어야 함을 가르치는 것입니다. 즉 자기를 부인하고 날마다 자기 십자가를 지고 예수님을 따라갈 때, 비로소 새 생명으로 살 수 있는 것입니다. 이것이 성도의 기본이자 제자도의 핵심이요, '더 나은 삶'의 출발이자 열매입니다.

나를 버리고, 나를 내어놓고, 나의 뜻과 나의 성취와 나의 자아실현을 추구하는 대신 나를 새롭게 하신 하나님의 뜻을 추구하려면, 삶의 현실에서는 필연적으로 처절한 갈등과 고통의 과정에 직면하게 됩니다.

"내가 세상에 화평을 주러 온 줄로 생각하지 말라 화평이 아니요

검을 주러 왔노라 내가 온 것은 사람이 그 아버지와, 딸이 어머니와, 며느리가 시어머니와 불화하게 하려 함이니 사람의 원수가 자기 집안 식구리라" 마10:34~36

가족과의 관계가 어려워지고 가정에서 상처와 갈등과 고통을 견뎌낼 각오가 없다면, 예수님의 제자가 되기 어렵다는 말씀이지요. 여기에 인간적인 아픔이 있는 것이요, 이전에는 상상하지 못했던 균열을 경험할 수도 있습니다. 우리가 예수님을 믿는 진정한 성도가 된다면 이런 것들을 피할 수는 없습니다. 예수님을 믿고 신앙생활을 한다는 것은 내가 원하는 것을 손에 넣는 종교를 택하는 것이 아닙니다. 그렇지 않고 만일 내가 원하는 것을 이루기 위해 예수님을 믿는다면, 그것은 미신을 믿는 것과 다를 바 없습니다.

예수님의 가르침은 복음을 왜곡하여 사람들에게 환심을 얻기 위한 말과는 다른 것입니다. 달라도 너무나 다릅니다. 그야말로 복음은 나의 자존심을 위해 자아실현을 성취하는 인간중심의 신학이 아니라 오히려 자기를 부인하고 자신을 내려놓고 그 어떤 대가를 치른다 할지라도 예수님께 모든 것을 드리는 것을 의미합니다.

여러분은 예수님을 믿기 때문에 자기 자신을 포기해보신 적이 있습니까?

날마다 십자가 지기

그런데 예수님의 말씀은 단지 자기를 부인하는 정도의 수준에서 머물지 않습니다. 그보다 우리를 더 어렵게 하는 말씀으로 이어집니다.

"날마다 제 십자가를 지고 나를 따를 것이니라" 눅9:23

오늘날 십자가는 사랑의 십자가로 다가옵니다. 십자가를 볼 때마다 우리는 나를 위해 돌아가신 예수님의 사랑과 구원을 기억합니다. 그러나 로마 제국이 다스리는 당시 문화에서 십자가란 단어는 그 자체로 매우 불쾌하고 끔찍한 것이었습니다. 왜냐하면 십자가는 가장 잔인한 형벌로서 흉악한 죄수에게나 구형되는 것이었고, 그래서 십자가는 당시 사람들에게 죄가 있는 사람, 극악한 형벌, 죽음 등을 떠올리게 하는 매우 수치스러운 것이었기 때문입니다.

그런데도 예수님께서 그런 십자가를 말씀하신 이유는 무엇일까요? 사실 예수님께서 십자가를 말씀하신 것은 제자들에게 자신의 죽음에 대한 힌트를 주시고자 하신 것이었습니다. 하지만 동시에 예수님의 이 말씀에는 그분을 따르는 제자들이 실천해야 할 자기부인은 십자가, 곧 그들 자신의 죽음과 관계가 있다는 뜻이기도 합니다. 다시 말해 날마다 십자가를 지고 죽는 일이 있어야 오히려 살 수 있다는 역설적인 진리를 담고 있는 것입니다. 여기서 '날마다'라는 것은 실제적인 삶의 현장, 일상의 영역에서 예수님 때문에 고통을 당하고 손해를 보라는 뜻을 담고 있습니다. 사실 그것은 너무도 힘든 일입니다. 그렇기 때문에 그것은 우리에게 죽음과도 같은 것이겠지요.

　예수님께서 십자가의 죽음을 예고하시자 베드로는 "주여 그리 마옵소서"마16:22라고 만류합니다. "주는 그리스도시요 살아계신 하나님의 아들이시니이다"마16:16라고 멋지게 신앙을 고백했던 베드로가 아닙니까? 그런데 그런 베드로조차도 '예수님께서 죽으시면 지금까지 예수님을 믿고 따라왔던 우리는 어떻게 됩니까? 모든 것이 물거품이 되고 맙니다. 때문에 그렇게 하시면 절대로 안 됩니다. 그렇게 되도록 놔두지 않겠습니다.'라고 생각한 것이지요. 이에 예수님께서는 즉시 "사탄아 내 뒤로 물러가라"마16:23고 매우 강하게 꾸짖으셨습니다. 그것은 베드로의 마음을 아셨을 뿐만 아니라, 그 말이 예수님을 유혹하는 것이기도 했기 때문입니다.

　신앙생활이란 그것을 통해 내게 이익이 되는 무엇인가를 얻기 위한 것이 아님을 알아야 합니다. 어느 날 예수님의 소문이 널리 퍼지자 예수님을 따르기 원하는 사람들이 찾아왔습니다. 그들 가운데는 "어디로 가시든지 나는 따르리이다"눅9:57라고 말하는 사람들도 있었습니다. 그 사람은 어쩌면 예수님께서 "정말 귀한 결정을 했구나. 이제 너는 내 편이 되었으니 우리 함께 힘을 합쳐 로마 제국을 물리치고 새로운 나라를 건설하자꾸나. 그러며 그때 너는 나와 함께 그 나라를 다스리게 될 것이다."라고 말씀하실 것을 기대했는지도 모릅니다. 아니면

"나를 따르면 행복해질 것이다. 너는 이제 건강과 재산과 성공을 얻게될 것이다. 네 자녀들도 모두 잘될 것이다."라는 말씀을 기대했을 수도 있습니다.

그런데 예수님께서는 그의 이런 기대들과는 전혀 다른, 심지어 자신이 한 말을 주워 담고 싶을 만큼 맥 빠지는 말씀을 하십니다.

> "여우도 굴이 있고 공중의 새도 집이 있으되 인자는 머리 둘 곳
> 이 없도다"눅9:58

호화로운 빌라는커녕 텐트를 칠 곳도 없다는 말씀입니다. 즉 예수님을 따르려면 모든 것을 잃을 각오를 하라는 뜻입니다.

한편 또 이런 사람도 있었습니다.

> "또 다른 사람에게 나를 따르라 하시니 그가 이르되 나로 먼저
> 가서 내 아버지를 장사하게 허락하옵소서"눅9:59

여기서 '가서 내 아버지를 장사하다'라는 말은 지금 아버지의 장례식에 가야 한다는 말이 아니라 아버지가 죽은 뒤 유산을 받을 때까지 기다려야 한다는 뜻입니다. 아마도 그는 조금 전에 예수님께서 하신 말씀, 곧 예수님을 따르더라도 아무 유익이 없다는 말씀을 들었을 것입니다. 그래서 그는 예수님에게서 기대할 것이 아무것도 없음을 알

고는, 일단 집에 가서 아버지가 돌아가실 때까지 기다렸다가 유산을 한 몫 챙긴 후에 예수님을 따르겠다고 말한 것일 수 있습니다. 하지만 그 역시 결국 예수님을 떠나고 말았습니다.

우리는 이와 비슷한 상황을 예수님을 찾아온 한 부자 청년에게서도 찾아볼 수 있습니다. 그는 예수님께 나아와 "내가 무슨 선한 일을 하여야 영생을 얻으리이까"마10:16라고 물었습니다. 이에 예수님께서는 율법을 행하라고 말씀하셨고, 그 청년은 자신 있게 예수님께서 말씀하신 율법들을 모두 행했다고 했습니다. 그러자 예수님께서는 "네 소유를 팔아 가난한 자들에게 주라 그리하면 하늘에서 보화가 네게 있으리라 그리고 와서 나를 따르라"마10:21고 말씀하셨습니다. 다시 말해 예수님께서는 한 치의 양보도 없이 "나를 따르려면 자기를 부인하라. 현재 누리고 있는 것들 때문에 나를 따르는 것이 방해가 된다면 과감히 그것들을 정리하라."고 말씀하시는 것입니다.

또 다시 예수님의 가르침은 여기서 끝나지 않습니다.

"누구든지 제 목숨을 구원하고자 하면 잃을 것이요 누구든지 나를 위하여 제 목숨을 잃으면 구원하리라"눅9:24

만약 내가 나 자신을 위해서 목숨을 버린다면 그것은 결국 나를 위한 삶이 되지만, 예수님 때문에 나를 부인하고 내 십자가를 지고 내가 포기해야 할 것을 포기한다면 그것은 예수님을 위한 삶이 되며, 그런 삶에서야 참된 구원을 얻을 수 있는 것입니다. 다시 말해 자기 자신을 위해 자아실현과 자기성공을 향해 질주하는 사람은 결국 자기 자신을 잃을 것이지만, 자기 자신을 부인하고 날마다 자기 십자가를 지는 사람은 오히려 자기 자신을 구원하게 될 것이라는 역설적인 진리를 말씀하시는 것입니다. 그렇습니다. 이것이 신앙의 기본입니다.

그런데 이것을 어떻게 실행할 수 있을까요?

결코 후회함이 없다

자기를 부인하는 것을 한번 실천하는 것도 어려운데 이것을 '날마다' 실천하라니, 그야말로 불가능에 가까운 말씀이라고 생각할 수 있습니다. 그런데 뒤이어 예수님께서는 또 "그렇게 하면 구원을 얻을 것이다."라고 말씀하십니다. 하지만 과연 타락한 인간이 '날마다' 자기를 부인하는 것이 가능할까요? 그리고 "그렇게 하면 구원을 얻을 것이다."라는 말씀은 무슨 뜻일까요?

'날마다' 십자가를 지는 것은 나의 죄와 관계가 있습니다. 그리고 '구원을 얻을 것이다'라는 것은 예수님께서 하신 일과 관계가 있습니다. 이런 점에서 사실 날마다 십자가를 지는 것과 구원을 얻는 것은 우리 스스로는 불가능한 일입니다. 하지만 이와 관련해 사도 바울은 우리가 예수님을 믿고 따를 때 어떤 일이 일어나는지에 대해 이렇게 설명합니다.

> "그러므로 우리가 그의 죽으심과 합하여 세례를 받음으로 그와 함께 장사되었나니 이는 아버지의 영광으로 말미암아 그리스도를 죽은 자 가운데서 살리심과 같이 우리로 또한 새 생명 가운데서 행하게 하려 함이라" 롬6:4

> "그가 죽으심은 죄에 대하여 단번에 죽으심이요 그가 살아 계심은 하나님께 대하여 살아 계심이니 이와 같이 너희도 너희 자신을 죄에 대하여는 죽은 자요 그리스도 예수 안에서 하나님께 대하여는 살아 있는 자로 여길지어다" 롬6:10~11

즉 바울은 예수님을 믿는 우리는 이미 죄에 대하여 죽은 자로 생각해야 한다고 말하는 것입니다. 그렇습니다. 예수님을 알고, 믿고, 그분에 대해 신앙을 고백하는 우리의 옛 자아, 곧 죄와 관련된 나 자신은 이미 죽은 것입니다. 우리는 이것을 분명하게 인식해야 합니다. 우리가 스스로를 옛 자아가 죽은 자로 인식할 때, 또는 좀 더 간단히 '나는 이미 죽은 자'라고 인식할 때, 비로소 우리는 날마다 자기를 부인하는 삶을 살 수 있습니다.

'나는 이미 죽은 자'라고 생각하면 모든 것이 쉽게 풀릴 수 있습니다. 죽은 자는 말이 없습니다. 누가 뭐라고 해도 상관이 없습니다. 사람들은 자신의 자아가 죽으면 자존심이 상한다고 생각합니다. 하지만 실제로는 그렇지 않습니다. 사실 내가 죽으면 먼저 배우자가 살맛납니다. 뿐만 아니라 내 주변의 모든 사람들이 살맛납니다. 그리고 무엇보다 내가 죽으면 예수님의 말씀에 순종하는 거룩함이 내 삶과 인격에서 실천되어 복음에 합당한 삶을 살게 됩니다. 이것이 복음입니다.

그리스도를 믿고 따른다면 그날부터 나는 없습니다. 이에 관해 바울은 분명하게 선언했습니다.

"이는 내게 사는 것이 그리스도니 죽는 것도 유익함이라" 빌1:21

"우리가 살아도 주를 위하여 살고 죽어도 주를 위하여 죽나니 그러므로 사나 죽으나 우리가 주의 것이로다" 롬14:8

오늘날 대부분의 사람들이 자아성취를 원하고, 다른 사람으로부터 인정받고 존경받기를 원합니다. 누구나 자신이 영광받기를 원하고, 어떤 일이든지 '내가 아니면 안 된다'라고, '저 사람은 나보다 못하다'라고 생각합니다. 누구나 자신의 행복을 원하고, 건강과 재물 등 자신에게 필요한 모든 것들이 기대만큼 충족되기를 원합니다. 또한 고통 없는 삶을 원하고, 십자가가 없는 면류관을 원합니다. 그러나 우리 예수님께서는 십자가의 고통과 죽음을 통해 온전해지셨습니다. 그런 예수님을 따르는 성도의 길 또한 결코 넓은 길이 아닙니다. 그 길은 좁은 길입니다. 그래서 예수님께서도 그분을 따르는 사람들을 향해 이렇게 격려하셨습니다.

"좁은 문으로 들어가라" 마7:13a

좁다는 것은 많은 사람들에게 매력이 없다는 의미입니다. 하지만 여기에 놀라운 역설이 있습니다. 자기를 부인하고 자기를 죽이면 자기가 죽는 것이 아니라, 오히려 자기가 살아나고 구원을 얻게 됩니다. 구원의 기쁨을 누리고 마지막 날 하나님의 영광을 보게 됩니다. 자, 그렇다면 당신은 어떤 길을 선택하겠습니까?

"누구든지 제 목숨을 구원하고자 하면 잃을 것이요 누구든지 나를 위하여 제 목숨을 잃으면 구원하리라" 눅9:24

<더 나은 삶을 위한 물음>

1. '자기 긍정'과 '자기 부인'이란 말이 어떤 의미인지 자신의 언어로 어떻게 표현할 수 있겠습니까?

2. 예수님 때문에 당신의 인생 여정에서 포기한 것들이 있습니까?

3. "누구든지 나를 위하여 제 목숨을 잃으면 구원하리라"눅9:24라는 말씀에 대한 당신의 생각은 무엇입니까?

6. 창을 던지지 않기

사무엘상 26장 1~12절

"1 십 사람이 기브아에 와서 사울에게 말하여 이르되 다윗이 광야 앞 하길라 산에 숨지 아니하였나이까 하매 2 사울이 일어나 십 광야에서 다윗을 찾으려고 이스라엘에서 택한 사람 삼천 명과 함께 십 광야로 내려가서 3 사울이 광야 앞 하길라 산 길 가에 진 치니라 다윗이 광야에 있더니 사울이 자기를 따라 광야로 들어옴을 알고 4 이에 다윗이 정탐꾼을 보내어 사울이 과연 이른 줄 알고 5 다윗이 일어나 사울이 진 친 곳에 이르러 사울과 넬의 아들 군사령관 아브넬이 머무는 곳을 본즉 사울이 진영 가운데에 누웠고 백성은 그를 둘러 진 쳤더라 6 이에 다윗이 헷 사람 아히멜렉과 스루야의 아들 요압의 아우 아비새에게 물어 이르되 누가 나와 더불어 진영에 내려가서 사울에게 이르겠느냐 하니 아비새가 이르되 내가 함께 가겠나이다 7 다윗과 아비새가 밤에 그 백성에게 나아가 본즉 사울이 진영 가운데 누워 자고 창은 머리 곁 땅에 꽂혀 있고 아브넬과 백성들은 그를 둘러 누웠는지라 8 아비새가 다윗에게 이르되 하나님이 오늘 당신의 원수를 당신의 손에 넘기셨나이다 그러므로 청하오니 내가 창으로 그를 찔러서 단번에 땅에 꽂게 하소서 내가 그를 두 번 찌를 것이 없으리이다 하니 9 다윗이 아비새에게 이르되 죽이지 말라 누구든지 손을 들어 여호와의 기름 부음 받은 자를 치면 죄가 없겠느냐 하고 10 다윗이 또 이르되 여호와께서 살아 계심을 두고 맹세하노니 여호와께서 그를 치시리니 혹은 죽을 날이 이르거나 또는 전장에 나가서 망하리라 11 내가 손을 들어 여호와의 기름 부음 받은 자를 치는 것을 여호와께서 금하시나니 너는 그의 머리 곁에 있는 창과 물병만 가지고 가자 하고 12 다윗이 사울의 머리 곁에서 창과 물병을 가지고 떠나가되 아무도 보거나 눈치 채지 못하고 깨어 있는 사람도 없었으니 이는 여호와께서 그들을 깊이 잠들게 하셨으므로 그들이 다 잠들어 있었기 때문이었더라"

누군가를 향해 창을 던진다는 것은 이미 내 마음속에 갈등이 폭발했다는 의미입니다. 내게 갈등을 유발시키는 사람은 저 멀리 남극이나 북극에 있는 사람이 아니라 내 주변 가까이에 있는 사람입니다.

한 아내가 남편에게 말했습니다.

"여보, 여보, 나처럼 자녀양육도 잘 하고, 살림도 잘 살고, 게다가 얼굴까지 이렇게 예쁜 것을 두고 사자성어로 뭐라고 하지?"

남편은 가소롭다는 표정으로 받아칩니다.

"뭐? 자화자찬?"

"아니 그것 말고."

"그럼, 과대망상?"

아내가 내심 원하는 답은 '금상첨화'였습니다.

"왜 '금'자로 시작하는 것 있잖아!"

그러자 남편은 이제 알겠다는 표정으로 말했습니다.

"아하, 금시초문"

대부분의 갈등은 배우자, 친척, 직장동료, 같은 교회의 성도 사이에서 인정을 받는 문제와 관련되거나 아니면 먹고 사는 문제로 인해 일어납니다.

사울 왕이 군사 삼천 명을 데리고 다윗을 향해 창을 던졌던 이유도 마찬가지였습니다. 곧 이스라엘 국가를 벼랑 끝의 위기로 몰아넣었던 블레셋의 걸출한 장군 골리앗을 물리친 다윗이 예루살렘 성에 입성할 때, 그를 향해 여인들이 불렀던 노래 때문이었습니다.

"사울이 죽인 자는 천천이요 다윗은 만만이로다"삼상18:7

이 노래를 들었던 사울 왕은 자칫하면 다윗으로 인해 왕위를 빼앗기겠다는 두려움에 갈등이 심각해졌습니다. 그래서 어느 날 자신 앞에서 수금을 타고 있던 다윗에게 창을 던졌던 것이고, 또 정략결혼으로 그를 사위로 삼기까지 했건만 여전히 마음속에 일어나는 갈등을 잠재울 수 없어서 군사 삼천 명을 거느리고 다윗을 제거하기 위해 십 황무지까지 쫓아온 것입니다. 창을 던지는 사울 왕, 그리고 날아오는 창을 피해야 하는 다윗, 둘 다 심각한 갈등 속에 있습니다. 이런 갈등 속에서 '더 나은 삶'을 누리는 지혜는 어디에 있을까요?

하나님의 섭리를 인식하라

갈등은 누가 일으킬까요? 대개의 경우 욕심 많은 사람이 갈등을 일으킵니다. 사람들은 욕심 때문에 다른 사람을 미워하고 의심하게 됩니다. 즉 자신의 욕심을 방해하는 사람 때문에 갈등이 일어나게 되는 것입니다. 그러나 모든 갈등이 사람 때문에 일어난다고만 생각할 경우, 중요한 것을 놓칠 수 있습니다. 그것은 다름 아닌 '하나님의 섭리'입니다.

저희 집 근처 해변가의 산책로에는 바닷물이 넘어오지 못하도록

나지막한 방파제가 있습니다. 가끔씩 큰 파도가 치면 물이 방파제 위로 넘쳐 신발을 적시고 옷까지 젖게 할 때도 있습니다. 그럴 때면 문득 '내 앞길을 막는 저 파도가 없으면 좋겠다.'라는 생각을 하게 됩니다. 그리고 좀 더 나아가면 '저 파도'가 아니라 '저 놈의 파도'가 됩니다. 그런데 '저 놈의 파도'는 아무리 욕을 해도 곧 또다시 밀려옵니다. 대체 이 파도는 누가 일으키는 걸까요?

물론 과학적으로 바다의 파도가 일어나는 원인이나 이유를 설명할 수도 있지만, 궁극적으로 우리는 바다의 파도를 창조주 하나님의 섭리로 이해할 수 있습니다. 그런데 그렇게 바다의 파도를 일으키시는 분이 하나님이시듯, 우리 인생의 바다에서 우리를 힘들게 하는 갈등의 파도를 일으키시는 분 역시도 하나님이심을 인식할 수 있다면 갈등에 대한 우리의 태도가 달라질 것입니다. 하지만 그렇지 않고 갈등의 파도를 일으키는 것이 사람이라고 생각하면 사울처럼 창을 던져서 그 사람을 제거하려고 할 것입니다.

그런데 사울은 다윗이 갈등을 일으킨다고 생각했고, 그래서 군사 삼천 명을 거느리고 다윗을 제거하기 위해 십 황무지에 진을 쳤습니다. 하지만 다윗은 달랐습니다. 오히려 그는 매우 특이한 행동을 합니다.

"누가 나와 더불어 진영에 내려가서 사울에게 이르겠느냐"삼상26:6

사울의 창을 피해 도망가야 할 상황에서 다윗은 거꾸로 엄청난 갈등의 파도 속으로 들어갑니다. 갈등을 제거하거나 피하는 데 익숙한 사람들에게는 납득이 잘 안 되는 부분입니다. 더욱 납득이 안 되는 것은 사울 진영의 모든 군사가 잠들어 있었으므로 당연히 사울을 죽여서 갈등을 잠재울 수 있는 상황이었는데, 다윗은 오히려 함께 갔던 부하 아비새에게 이렇게 말합니다.

> "……너는 그의 머리 곁에 있는 창과 물병만 가지고 가자 하고
> 다윗이 사울의 머리 곁에서 창과 물병을 가지고 떠나가되……"
> 삼상26:11~12

그리고는 사울의 진영에서 나와 안전거리를 확보한 뒤 그를 향해 이렇게 고함칩니다. "사울 왕이여! 나를 벼룩 잡듯이 쫓아 이 먼 곳까지 온 것은 합당하지 않습니다. 이것은 왕이 걸어야 할 왕도가 결코 아닙니다! 왕은 나를 죽이려 했지만, 나는 왕을 죽일 의사가 전혀 없습니다! 하나님께서 나와 왕 사이를 판단하시기를 원합니다." 대체 다윗은 사울의 목숨을 어떻게 살려줄 수 있었을까요? 그것은 자신을 정말 힘들게 하고 괴롭히는 갈등 속에도 자신이 알지 못하는 하나님의 섭리가 있음을 믿었기 때문입니다.

파도가 몰려올 때에는 파도타기를 잘해야 살아남습니다. 당황하면 파도에 휩쓸려 치명적인 결과를 맞이할 수 있습니다. 오늘날 교회 안팎에서 많은 사람들이 작은 갈등에도 감정과 분노를 조절하지 못한

채 극단적인 선택을 하곤 합니다. 그래서 결혼도 끝내고, 우정관계도 끝내고, 교회도 끝내는 사람들이 늘어만 갑니다. 하지만 우리 신앙의 선배들은 깊은 갈등 때문에 모든 것을 끝내고 싶을 때에도 하나님의 뜻과 섭리를 붙잡았습니다.

대표적인 사람으로 사도 바울이 있습니다. 그의 사역현장은 그야말로 끊임없는 갈등의 연속이었습니다. 믿었던 사람들이 배신을 했고, 자신이 전도하여 양육한 사람들이 자신을 비방했고, 자신이 개척한 교회가 많은 문제로 다툼과 분열을 일으켰습니다. 그럴 때마다 사도 바울이 그 사람들과 교회를 위해 쓴 편지가 신약성경에 있는 서신들입니다. 그중에서도 특히 로마에 있는 교회의 성도들이 갈등하며 대립할 때, 그들을 향해 쓴 말씀이 로마서 8장 28절입니다.

"우리가 알거니와 하나님을 사랑하는 자 곧 그의 뜻대로 부르심을 입은 자들에게는 모든 것이 합력하여 선을 이루느니라" 롬8:28

비록 지금 당장은 고통이고, 아픔이고, 상처이겠지만, 하나님께서는 그분의 섭리를 믿으며 그것에 따라 사는 백성들을 구원하시기 위해서 궁극적으로 모든 것이 합력하여 선을 이루게 하실 것입니다. 사울은 이와 같은 하나님의 섭리를 믿지 못하고 오로지 자기 욕심과 욕망에 따라 행동했기 때문에 하나님께서 일으키시는 파도를 자신이 직접 제거하려고 나섰던 것입니다.

지금 당신을 힘들게 하는 사람이 있습니까? 그는 누구인가요? 배우자나 자녀인가요? 부모인가요? 아니면 박 집사 또는 김 집사인가요? 나를 힘들게 하는 그 사람, 그리고 그와의 갈등을 하나님께서 일으키신 것이라고 생각할 때, 하나님께서 베푸시는 구원의 삶을 경험하는 새로운 길, 더 나은 삶의 길이 열릴 것입니다.

상대방을 살려라

오늘날 우리의 인생이 황폐해지는 이유는 우리에게 갈등을 일으키는 사람을 우리 스스로 제거하려고 하기 때문입니다. 다윗의 부하 장수였던 아비새를 보십시오. 아비새는 다윗과 함께 사울의 진영에 내려가 모두가 무방비 상태로 곤히 잠자고 있는 것을 보고서 다윗에게 이렇게 말했습니다.

> "하나님이 오늘 당신의 원수를 당신의 손에 넘기셨나이다 그러
> 므로 청하오니 내가 창으로 그를 찔러서 단번에 땅에 꽂게 하소
> 서 내가 그를 두 번 찌를 것이 없으리이다"삼상26:8

사실 아비새는 당대 최고의 명장이었습니다. 그랬기 때문에 그는 "다윗이여, 명령만 내리십시오. 두 번 찌를 필요도 없습니다. 지난 번

엔게디 굴에서도 살려주었는데, 또 다시 우리를 죽이기 위해 오는 이런 사람은 이제 분명히 제거해야만 합니다. 제가 창으로 한 방에 그를 땅에 꽂겠습니다."라고 자신 있게 말했던 것입니다. 하지만 그런 아비새에게 다윗은 이렇게 말합니다.

"죽이지 말라 누구든지 손을 들어 여호와의 기름 부음 받은 자를 치면 죄가 없겠느냐"삼상26:9

다윗은 이번에도 또 다시 사울을 죽이지 않고 살려줍니다. 아비새로서는 이 절호의 기회를 다시 날려버리는 다윗이 정말로 답답했을 겁니다. 그러나 사울처럼 다윗에게 창을 던지고, 아비새처럼 적수이자 경쟁자인 사울을 자기 손으로 제거하려고 할 때, 우리의 인생은 거기서부터 메마르고 황폐해지기 시작한다는 것을 기억해야 합니다.

정치, 경제, 종교, 교육계는 두말할 필요도 없고, 먼저 우리 자신을 돌아봅시다. 우리 속에도 경쟁자를 제거해야 비로소 마음이 편하고 행복해질 수 있다고 생각하는 악한 마음이 도사리고 있지 않습니까? 사회문제를 잘 다룬 드라마로 인기를 누렸던 <SKY 캐슬>JTBC에 나오는 부모들이 그랬던 것처럼, 곧 자녀를 위한다는 명분 아래 그들의 경쟁자를 직접 제거함으로써 오히려 자녀들을 고통 속으로 밀어 넣고, 결국 자신들마저 처절하게 고통당한 것처럼, 우리 또한 그렇게 하고 있지 않습니까? 그렇다면 속히 돌이켜 경쟁자를 제거해야 자신이 행복한 삶을 누릴 수 있다고 속이는 악한 사탄의 문화에서 빠져 나와야만 합니다.

2008년, 서울대학교 입학식 때 이어령 교수는 꿈 많은 신입생들에게 <떴다 떴다 비행기>라는 어린이 동요를 소개하면서 이런 메시지를 전했습니다.

사람들은 뜨기를 좋아합니다. 남을 띄워주고 자신을 띄워달라고 부탁도 합니다. 실제로 뜨기 원해서 온갖 노력을 하고 그래서 떴다 하면 인생성공이라고 생각합니다. 그런데 '날아라 날아라' 소리치는 것을 보면 이 비행기는 뜨기만 하고 아직 날지 못하고 있습니다. 이것은 뜨기만 하고 날지 못하고 있는 우리 인간의 문제를 상징적으로 보여줍니다.

이 동요의 마지막 가사는 '우리 비행기'인데, 이는 나 혼자 나는 것이 아니라 우리 함께 높이 날자는 소원이 담긴 동요입니다. '우리 비행기'라는 가사 대신에 내 이름도 넣고, 친구 이름을 넣어 불러봅시다. 우리 비행기! 우리라는 다정다감한 말에서 조금은 콧날이 시큰해지기도 할 것입니다.

이어령 교수의 동요 해석은 사람을 얻고 사람을 살림으로써 함께 누리는 하나님 나라의 핵심가치를 잘 보여줍니다. 오늘 우리는 가정에서도, 직장에서도, 심지어 교회에서조차 나 혼자만 떠야 하고 나 혼자만 날리고 하다 보니 어떻게 해서든 다른 사람을 없애고 제거해야만 합니다. 그러나 우리를 갈등의 상황 속으로 몰아넣는 사람이 어떤 사람이든지간에 우리 스스로 창을 던져 제거하려고 하지 마십시오. 만약 우리 스스로 상대방을 제거하려고 할 경우, 어떤 일이 일어나는지는 성경에 나오는 사울을 통해서 잘 알 수 있습니다.

사울은 다윗을 향한 질투에 사로잡혀 밤잠을 이룰 수가 없었습니다. 심지어 우울증에 걸려 무당까지 찾아가야 할 정도로 정신 나간 사람이 되고 맙니다. 그리고 결국에는 전쟁에서 패하고 스스로 목숨을 끊는 비참한 삶으로 마감합니다. 이에 반해 다윗은 단 한 번에 사울을 창으로 땅에 꽂겠다고 말하는 아비새에게 이렇게 말합니다.

"여호와께서 살아 계심을 두고 맹세하노니 여호와께서 그를 치시리니 혹은 죽을 날이 이르거나 또는 전장에 나가서 망하리라"

삼상26:10

"여호와께서 살아 계심을 두고 맹세하노니……". 다윗은 아비새에게 하나님께서 살아계셔서 우리의 모든 것을 보고 계시니 사울을 죽이는 일은 우리가 처리할 사안이 아니라고 말하는 것입니다. 여기서 오해하지 말아야 할 것은, 다윗이 지금 하나님께서 사울을 치거나 전장에서 죽이셨으면 좋겠다는 소원을 말하는 것이 아니라는 것입니다. 그보다 그는 살아계신 하나님만이 모든 것을 판단하시고, 심판하시고, 주관하실 것임을 믿는다는 신앙을 고백하고 있는 것입니다.

바다의 파도를 없애려고 시도하는 사람만큼 어리석은 사람은 없습니다. 왜냐하면 그것은 하나님의 창조질서를 거스르는 것이기 때문입니다. 이런 진리를 잘 알았던 다윗은 사울이 하나님의 뜻 가운데 왕이 된 것을 기꺼이 인정했습니다. 그래서 그는 아비새에게 이렇게 말할 수 있었습니다. "사울은 하나님의 뜻 가운데 왕이 되었다. 하나님의 뜻 가운데 일어난 일은 내가 처리할 사안이 아니다! 그러니까 그냥 두어라. 하나님께서 그를 처리하실 것이다."

그렇습니다. 지금 당신을 힘들게 하는 사람이 있습니까? 그렇다면 그냥 두십시오. 그래야 날마다 당신을 구원하신 하나님을 찬양하고, 또 그분께서 베푸실 구원을 기뻐하며 즐거워할 수 있습니다. 혹시 지금 창을 던지고 싶은 사람이 있습니까? 그렇더라도 이제 그 창을 내려놓고 하나님께서 주시는 말씀에 무릎을 꿇는 것이 어떨까요?

나를 아름답게 빚어가는 도구?

다윗은 원래 이새의 여덟 명의 아들 중 막내로서 가정에서 그리 중요한 존재가 아니었습니다. 사무엘 선지자가 이새의 아들들 중의 한 명에게 기름을 부으라는 하나님의 명령에 따라 이새의 아들들을 다 모이게 했을 때, 아버지 이새는 다윗을 부르지도 않았습니다. 그만큼

별 볼일 없는 존재였다는 것이죠. 다윗 스스로도 사울 왕의 장관들 앞에서 "나는 가난하고 천한 사람이라"삼상18:23라고 말할 정도였습니다. 그런데 이랬던 그가 어떻게 그토록 위대한 장수가 되고 또 성군 다윗이 될 수 있었을까요? 물론 첫 번째 이유는 하나님의 섭리요 은혜였지만, 현실적으로 직접적인 동기는 사울이 던진 창 때문이었음을 놓쳐서는 안 됩니다.

사울이 던진 창을 피해 광야에서 떠돌이 생활을 하면서 다윗은 빈털터리 노숙자가 되어 배고픔과 외로움의 고통을 온몸으로 느껴야 했습니다. 그는 사울의 창을 피해 외로운 광야에서 홀로 하나님을 바라보며 의지할 수밖에 없었습니다. 그런 가운데서 그는 수많은 시편들을 지었습니다.

"나의 힘이신 여호와여 내가 주를 사랑하나이다"시18:1

"여호와는 나의 빛이요 나의 구원이시니 내가 누구를 두려워하리요 여호와는 내 생명의 능력이시니 내가 누구를 무서워하리요"시27:1

뿐만 아니라 다윗은 사울의 창 때문에 광야로 밀려난 다른 사람들을 안아줄 수 있었습니다. 사울 정권의 미움을 받아 쫓겨난 원통한 자들, 가난한 자들, 또는 당시 주류 사회에서 밀려난 외로운 사람들을 만나 위로하고 함께하는 과정에서 인격의 성숙과 리더십을 배울 수 있었습니다. 그러므로 당신을 힘들게 하는 사람이나 환경 때문에 당신의 인생을 망쳤다고 여기는 것은 잘못된 생각입니다.

존 맥스웰은 "세상에는 심각한 문제를 가진 사람과 문제를 더 심각하게 만드는 사람이 있다."라고 했습니다. 사울은 자신이 직면한 갈등을 더 심각하게 만들고 창을 던져 상대를 죽임으로써 그것을 해결하려는 사람이었다면, 다윗은 자신을 죽이려는 창 때문에 오히려 자신의 삶을 더 위대하게 만든 사람이었습니다. 따라서 당신을 갈등 속으로 몰아넣는 사람이 누구든지, 또는 당신을 위기 속으로 내동댕이치는 상황이 무엇이든지 간에, 그것들을 당신을 더 나은 사람으로 만드는 도구라고 생각하십시오.

독수리가 빠른 속도로 평형을 유지하며 안정감 있게 날아오르는 데 최대의 장애물은 공기저항입니다. 그러나 공기저항이란 장애물이 없다면 독수리는 날아오르기는커녕 즉시 땅에 추락하고 말 것입니다. 구약성경에 나오는 시편의 시들은 대부분 역경 속에서 하나님을 바라보며 쓴 시였고, 신약성경에 나오는 서신서들 또한 대부분 감옥에서 쓴 것입니다. 존 번연도 감옥에서 『천로역정』을 썼으며, 플로렌스 나이팅게일도 자기 침대를 옮기지도 못할 만큼 심하게 아픈 가운데서 영국의 병원들을 새롭게 재건하였습니다. 뿐만 아니라 파스퇴르는 반신불수가 되어 늘 중풍의 위험 속에서 살면서도 질병을 퇴치하기 위해 끊임없이 연구했습니다.

미국에는 이런 흥미로운 말이 있습니다.

포지 계곡Valley forge의 눈 속에 사람을 파묻어 보라. 그러면 조지
워싱턴 같은 인물을 얻을 것이다. 그를 절대빈곤 속에서 키워보
라. 그러면 아브라함 링컨 같은 인물이 될 것이다. 그를 소아마비
로 때려 눕혀보라. 그러면 프랭클린 루즈벨트 같은 인물이 될 것
이다. 인종 차별이 심한 사회에 그를 던져 흑인으로 태어나게 하
라. 그러면 조지 워싱턴 카바땅콩박사로 유명한 흑인나 마틴 루터 킹 같
은 인물이 될 것이다.

우리 앞에 놓인 장애와 위험 때문에 우리의 인생을 망쳤다고 생각
하는 것은 악한 사탄이 우리를 넘어뜨리기 위한 속임수에 불과합니
다. 우리는 앞으로도 우리를 힘들게 하는 사람과 환경들을 반드시 만
날 것입니다. 그때 우리의 힘이 되신 하나님, 어둠 속의 빛이요 생명의
능력이신 하나님을 바라보며 의지할 때, 놀라운 구원이 우리의 인생
에 들어올 것입니다. 그때 비로소 '더 나은 삶'이 무르익기 시작할 것
입니다.

예수님께서는 욕심 때문에 죄를 짓고 파괴된 하나님과 우리 사이
의 관계를 친히 십자가에서 죽으심으로써 회복시켜 주셨습니다. 구원
이란 갈등 속에 있는 관계의 회복입니다. 구원은 단순히 우리가 죽어
서 얻는 것만이 아닙니다. 그것은 지금 우리를 힘들게 하는 사람과 사

건을 뛰어넘게 하는 축복이기도 합니다. 갈등을 넘어 오늘 여기서 구원을 누리는 삶, 그것이 이 땅에서 '더 나은 삶'의 축복입니다.

<더 나은 삶을 위한 물음>

1. 당신이 현재 누군가와 갈등관계에 있다면, 그 이유가 무엇입니까?

2. 사울에 대한 다윗의 태도에서 당신에게 적용해야 할 것이 있다면 무엇입니까?

3. 당신은 사울인가요, 아비새인가요, 아니면 다윗인가요? 당신은 현재 누구에게 더 가깝습니까? 함께 나눠보고 기도합시다.

7. 우물을 다시 파기

창세기 26장 15~31절

"15 그 아버지 아브라함 때에 그 아버지의 종들이 판 모든 우물을 막고 흙으로 메웠더라 16 아비멜렉이 이삭에게 이르되 네가 우리보다 크게 강성한즉 우리를 떠나라 17 이삭이 그 곳을 떠나 그랄 골짜기에 장막을 치고 거기 거류하며 18 그 아버지 아브라함 때에 팠던 우물들을 다시 팠으니 이는 아브라함이 죽은 후에 블레셋 사람이 그 우물들을 메웠음이라 이삭이 그 우물들의 이름을 그의 아버지가 부르던 이름으로 불렀더라 19 이삭의 종들이 골짜기를 파서 샘 근원을 얻었더니 20 그랄 목자들이 이삭의 목자와 다투어 이르되 이 물은 우리의 것이라 하매 이삭이 그 다툼으로 말미암아 그 우물 이름을 에섹이라 하였으며 21 또 다른 우물을 팠더니 그들이 또 다투므로 그 이름을 싯나라 하였으며 22 이삭이 거기서 옮겨 다른 우물을 팠더니 그들이 다투지 아니하였으므로 그 이름을 르호봇이라 하여 이르되 이제는 여호와께서 우리를 위하여 넓게 하셨으니 이 땅에서 우리가 번성하리로다 하였더라 23 이삭이 거기서부터 브엘세바로 올라갔더니 24 그 밤에 여호와께서 그에게 나타나 이르시되 나는 네 아버지 아브라함의 하나님이니 두려워하지 말라 내 종 아브라함을 위하여 내가 너와 함께 있어 네게 복을 주어 네 자손이 번성하게 하리라 하신지라 25 이삭이 그 곳에 제단을 쌓고, 여호와의 이름을 부르며 거기 장막을 쳤더니 이삭의 종들이 거기서도 우물을 팠더라 26 아비멜렉이 그 친구 아훗삿과 군대 장관 비골과 더불어 그랄에서부터 이삭에게로 온지라 27 이삭이 그들에게 이르되 너희가 나를 미워하여 나에게 너희를 떠나게 하였거늘 어찌하여 내게 왔느냐 28 그들이 이르되 여호와께서 너와 함께 계심을 우리가 분명히 보았으므로 우리의 사이 곧 우리와 너 사이에 맹세하여 너와 계약을 맺으리라 말하였노라 29 너는 우리를 해하지 말라 이는 우리가 너를 범하지 아니하고 선한 일만 네게 행하여 네가 평안히 가게 하였음이니라 이제 너는 여호와께 복을 받은 자니라 30 이삭이 그들을 위하여 잔치를 베풀매 그들이 먹고 마시고 31 아침에 일찍이 일어나 서로 맹세한 후에 이삭이 그들을 보내매 그들이 평안히 갔더라"

젊은 시절, 나는 "새해 복 많이 받으십시오."라는 인사가 마음에 들지 않았습니다. '복은 내가 만드는 것이지 누가 내게 준다는 말인가?'라고 생각했기 때문입니다. 그래서 의도적으로 상대에게 "복을 많이 만드시기 바랍니다."라고 힘주어 말하곤 했습니다. 그러나 나이가 들면서 비로소 인생은 하나님께서 주시는 복을 받지 않으면 안 되는 존재라는 것을 깨닫게 되었습니다. "복을 많이 만드시기 바랍니다." "건강하시기 바랍니다."라고 인사하는 것도 좋지만, 사실 정말로 우리의 인생에 필요한 것은 하나님의 복입니다. 하나님의 복이 없으면 우리의 인생은 불가능합니다. 우리의 건강도, 물질도, 사업도, 자녀도 하나님의 복이 없으면 안 됩니다.

구약의 야곱이나 이삭을 보아도 그렇습니다. 야곱 하면 바로 '집착이 강한 사람, 머리 회전이 빠른 사람'의 이미지가 떠오릅니다. 그런데 그 야곱이 결국 복을 받는 인생으로 삽니다. 그가 머리를 잘 써서, 계획을 잘 해서일까요? 아닙니다. 오히려 그가 머리를 쓸 때마다 문제는 더 복잡해졌습니다. 그보다는 하나님께서 그에게 복을 주셨기 때문입니다. 그의 아버지 이삭도 마찬가지입니다. 이삭의 사업수완이 좋았거나, 이삭이 진취적이고 추진 능력이 있었던 것도 아니었습니다. 그런데도 이삭은 복을 받습니다. 왜 그렇습니까? 하나님께서 그에게 복을 주셨기 때문입니다.

우리가 인생을 마감하는 날, 우리의 장례식에 참석한 많은 사람들이 "저 사람은 복 받은 사람이야!"라고 말하며, 묘비명에 "복 받은 사람 여기 잠들다."라고 기록된다면 얼마나 좋을까요? 하지만 복은 저절로 굴러오는 것이 아닙니다. 복을 받는 데는 그에 맞는 요인이 있습니다. 야곱과 이삭이 복을 받은 데도 그들에게 복 받을 요인이 있었기 때문입니다.

내게 중요한 것 남에게 주기

사람들은 대부분 먹고사는 문제로 가슴아파하고 갈등하며 싸웁니다. 이삭도 그랄에 거주할 때 우물 때문에 블레셋 왕 아비멜렉과 갈등이 있었습니다. 우물은 당시 팔레스타인 지역에서는 생명줄과 같은 것이었습니다. 사람과 육축, 식물 모두에게 필요한 물을 제공해야 했기 때문입니다. 물론 어느 시대 어느 문화를 막론하고 물이 중요하지 않은 곳은 없습니다. 하지만 팔레스타인 지역에서 우물은 특히 더 중요했습니다.

그렇기 때문에 이삭은 고생해가면서 그의 가족과 식솔들, 그리고 가축이 먹을 수 있는 우물을 팠던 것입니다. 그런데 이삭보다 먼저 그 땅에 자리 잡고 있던 블레셋 사람들의 왕 아비멜렉은 이삭이 파놓은 우물을 내놓으라고 엄포를 놓았습니다. 힘 있고 영향력 있는 자가 내놓으라고 하니 이삭으로서는 어쩔 도리가 없었습니다. 그래서 그냥 주었습니다. 도리에 안 맞는 일이지만 그냥 주었습니다.

복은 내가 쟁취해서 얻는 것이 아닙니다. 이삭에게서 우물을 빼앗 긴다는 것은 분명 삶의 중요한 부분을 빼앗기는 것이었고, 따라서 그의 삶 전체가 흔들릴 수 있는 위기였습니다. 그런데도 이삭은 그냥 묵묵히 당하고 있습니다. 하지만 여기에 이삭이 복을 받은 중요한 요인이 있습니다. 그것은 바로 달라고 하면 그냥 주는 삶의 태도입니다. 누가 때리면 그냥 맞는 삶입니다. 예수님께서는 누가 오른뺨을 치거든 왼뺨도 돌려대라고 하셨습니다. 산상보훈의 말씀입니다. 인간적으로 보면 바보 같은 태도겠지만, 그것이야말로 하나님 나라 백성들의 복이라고 하셨습니다.

블레셋 사람들은 이삭이 부를 쌓고 강성해지는 것을 시기해 그가 애써 파놓은 우물을 메워버렸습니다. 그런데 이삭은 그들에게 항의하기보다 바보처럼 그냥 조용히 비켜줍니다. 그리고 새 우물을 다시 팝니다. 그러자 이번에도 그랄의 목자들이 이삭이 애써 파놓은 새 우물을 자기들 것이라고 주장합니다. 이삭으로서도 참기가 쉽지 않았을 것입니다. '어떻게 해서 파놓은 우물인데……'라고 생각하며 피가 역류했을 것입니다. 마음에 분노가 일어났을 것입니다. 그런데 놀랍게도 이번에도 이삭은 그냥 물러섭니다.

이삭은 우물을 파는 사람, 아니 '다시 새 우물을 파는 사람'이었습니다. 복 있는 사람은 남이 요구하면 그냥 주는 사람입니다. 감정적으로 반응하면 복이 되지 않는 것을 알기 때문입니다.

아마도 보통사람 같았으면 이 정도로 당한 경우, 블레셋이나 아비멜렉 이름만 들어도 알레르기 반응이 일어났을 것입니다. 자다가도 벌떡 일어나 "아비멜렉! 반드시 복수하고 말거야."라는 반응을 보이지 않았겠습니까? 하지만 이삭은 조용히 물러섭니다. 이런 이삭을 보면서 아비멜렉은 어떠했을까요? 이삭을 얕잡아보며 기세등등했을까요? 아닙니다. 오히려 전세가 완전히 역전됩니다. 이에 관해 성경은 이렇게 기록합니다.

"너는 우리를 해하지 말라 이는 우리가 너를 범하지 아니하고 선한 일만 네게 행하여 네가 평안히 가게 하였음이니라 이제 너는 여호와께 복을 받은 자니라"창26:29

참으로 흥미로운 대목이 아닐 수 없습니다. 아비멜렉은 이삭을 찾아가서 깍듯하게 인사하며 "당신은 여호와께 복을 받은 사람입니다."라고 인정합니다. 분명 얼핏 보기에 이삭은 우유부단한 사람처럼 보입니다. 그는 문제나 갈등 상황에 직접 대항하지 않고 회피하는 사람으로 보일 수도 있습니다. 그러나 사실 이삭은 어렵고 힘든 일을 만날때마다 오히려 그것을 여유 있게 받아 넘기는 사람이었습니다. 그래서 외적으로는 유약해 보였을지 모르지만, 내적으로는 아주 강한 사람이었던 것입니다. 하나님께서는 이와 같은 이삭에게 복을 주셔서 주변의 모든 사람들의 두려움의 대상이 되게 하셨습니다.

이 땅의 모든 사람들은 자신들이 생각하는 더 나은 삶을 위해 서로 경쟁하며 다른 사람들의 것을 힘으로 빼앗으려고 합니다. 그러나 하나님을 믿고 그분의 말씀에 순종하는 사람들은 전혀 다른 모습을 보여야 합니다. 예수님께서는 이렇게 말씀하셨기 때문입니다.

> "네게 구하는 자에게 주며 네 것을 가져가는 자에게 다시 달라 하지 말며 남에게 대접을 받고자 하는 대로 너희도 남을 대접하라"눅6:30~31

하나님을 믿고 그분의 말씀에 순종하는 사람들은 이 땅의 순례자로 살아가는 사람들입니다. 그렇게 살아가노라면 숱한 모욕과 어려움을 당하게 되고, 그런 가운데서 마음에 많은 상처를 입기도 합니다. 그러나 그와 같은 침울한 상황에서도 말씀에 순종하여 다른 사람들을 선대하며 살겠다고 결심할 때, 비로소 복의 길이 열리는 것입니다.

> "오직 너희는 원수를 사랑하고 선대하며 아무 것도 바라지 말고 꾸어 주라 그리하면 너희 상이 클 것이요 또 지극히 높으신 이의 아들이 되리니 그는 은혜를 모르는 자와 악한 자에게도 인자하시니라"눅6:35

> "주라 그리하면 너희에게 줄 것이니 곧 후히 되어 누르고 흔들어 넘치도록 하여 너희에게 안겨 주리라 너희가 헤아리는 그 헤아

림으로 너희도 헤아림을 도로 받을 것이니라"눅6:38

감당키 어려운 긍정적인 사람

이삭이 아비멜렉에게 자신이 판 우물을 빼앗겼다는 것은 잘 나가
던 사업이 망한 것으로도 볼 수 있습니다. 그런데 이삭은 좌절하지 않
고 다시 우물을 팝니다. 그러면서 이삭은 우리에게 도전을 주는 말을
합니다.

"이제는 여호와께서 우리를 위하여 넓게 하셨으니 이 땅에서 우
리가 번성하리로다"창26:22b

상식적으로는 잘 이해가 되지 않는 부분입니다. 분명 지금 이삭은
매우 암울한 상황임에 틀림없습니다. 그런데 어떻게 이런 말을 할 수
있을까요? 정말이지 이렇게 긍정적인 태도를 지닌 사람을 찾기란 쉽
지 않을 것입니다. 보통사람이라면 분노하거나 아니면 좌절하거나 해
야 할 상황에서도 이삭은 상상할 수 없을 만큼의 긍정적인 태도를 보
입니다.

사실 "당신은 복을 받은 사람입니다!"라는 말은 아무나 들을 수 있
는 말이 아닙니다. 이런 말을 듣는 사람들은 그야말로 하나님의 복을

받아 더 나은 삶을 누리는 사람들입니다. 그리고 그들의 중요한 특징 중 하나는 불합리하고 위험한 상황에서도 부정적인 반응을 보이지 않는다는 것입니다.

갈릴리 호수에 풍랑이 거세게 일어나 예수님의 제자들이 탄 배가 뒤집힐 수도 있는 일촉즉발의 위기 상황에서도 베드로는 바다 위에 계신 예수님을 보고는 "주여 만일 주님이시거든 나를 명하사 물 위로 오라 하소서"마14:28라고 말했습니다. 다른 제자들은 모두 풍랑 때문에 두려움과 공포에 질려 있는데, 그런 상황에서 이보다 더 긍정적인 말이 있을 수 있을까요?

우리 아버지 하나님께서는 긍정적이신 분입니다. 아무것도 없는 흑암에서 모든 아름다운 세계를 창조하신 분입니다. 대체 이만큼 긍정적인 분이 어디에 있습니까? 하나님께서 긍정적이시기에 하나님의 백성인 이삭 역시 긍정적이었습니다. 그런데 이것이 전부가 아닙니다. 하나님께서는 우리같이 욕심 많고 죄짓기 좋아하는 구제 불능의 사람을 구원하시기 위해 예수님을 보내주셨습니다. 즉 모든 것을 존재케 하시는 긍정을 넘어 죽을 수밖에 없는 죄인을 구원하시는 데까지 긍정적이신 것입니다. 그 어느 것도 하나님의 구원보다 더 긍정적이거나 적극적일 수는 없습니다.

그러므로 모든 것이 끝났다고 생각될 때, 모든 부정적인 것들로 압도될 때, 하나님의 창조와 구원을 생각하시기 바랍니다. 그리고 그것에 의지하여 하나님의 뜻과 말씀에 순종하십시오. 그러면 그때 모든 막혔던 것들이, 모든 부정적인 것들이 열리기 시작할 것입니다.

　미국의 한 신발회사에서 직원 두 사람을 아프리카에 보내어 시장 조사를 하게 한 일이 있었습니다. 시장조사를 한 뒤 두 사람 중 한 사람은 이렇게 보고했습니다. "아예 생각하지도 마십시오. 아프리카에는 신발을 신고 다니는 사람이 아무도 없습니다." 반면 다른 한 사람의 보고는 이러했습니다. "그곳은 완벽한 시장입니다. 모든 사람에게 신발을 팔 수 있습니다." 여러분이 회장이라면 어떤 사람에게 일을 시키겠습니까? 아무리 부정적인 상황이라도 그속에서 긍정적으로 사고하기 시작할 때 비로소 창조적인 일을 시작할 수 있습니다.

　클레멘트 스톤W. Clement Stone이란 유명한 세일즈맨이자 자선가가 2차 세계대전 중에 군인인 남편을 따라 캘리포니아 사막으로 갔던 한 젊은 아내에 관한 얘기를 했습니다. 그녀는 동부에서 자랐기 때문에 사막은 그녀에게 매우 낯설고 황당한 곳이었습니다. 그녀의 눈에 보이는 것은 인디언들이 사는 마을 부락뿐이었습니다. 하지만 그곳에 사는 사람들은 영어를 하지 못했습니다. 그녀는 매일 찌는 듯한 더위를 참아야 했고, 홀로 외롭고 무료한 시간을 보내야만 했습니다. 견디다 못한 그녀는 엄마에게 편지를 써서 자신의 신세를 한탄했습니다.

　이에 엄마는 딸에게 이렇게 답장했습니다. "두 사람이 감옥에서 창살 밖을 내다보았는데, 한 사람은 땅의 진흙을, 다른 한 사람은 하늘의 별들을 보았단다." 이런 엄마의 편지가 그녀로 하여금 환경을 보는 관점을 새롭게 했습니다. 비록 그녀가 환경을 개선할 수는 없었지만, 자신만큼은 바꿀 수 있었습니다. 그녀는 인디언을 친구로 사귀고, 그들과 함께 뜨개질과 항아리 만드는 일을 시작하고, 사막을 탐험하고, 자연의 아름다움을 발견하며 시간을 보냈습니다. 그러자 그녀는 갑자기 새로운 세계에 살게 되었습니다. 사실 그녀의 주변에 변한 것은 아무것도 없었습니다. 변한 것은 주변상황이 아니라 그녀의 태도였습니다.

만일 환경이 계속해서 당신을 침울하게 한다면, 그때는 당신이 변화를 시도할 타이밍입니다. 주변상황이 아니라 태도를 바꾸어야 합니다. 혹시 병이 들었습니까? 하나님을 믿고 병과 친구가 되어 잘 사귀어보십시오. 그러면 연약한 육체 중에서도 건강한 육체 못지않은 창조적인 삶으로 나아갈 수 있습니다.

이지선 씨는 2000년에 일어난 6중 추돌사고로 온 몸에 심각한 화상을 입었습니다. 젊은 여성으로서 행복한 삶이 끝났다고 해도 과언이 아닐 만큼 얼굴이 화상으로 일그러졌습니다. 그러나 그런 그녀에게 2003년도는 그녀의 인생에서 최고의 해였다고 일간신문에서 보도했습니다. 전신 3도의 화상 투병기와 그 속에서 느낀 점을 담아 『지선아 사랑해』라는 에세이집을 출간해 다른 사람들에게 희망을 전하는 값진 일을 했기 때문입니다.

우리가 어떤 상황에 처하더라도 그 속에서 최선을 다하는 법을 배울 수 있다면, 아무리 만만치 않은 장애물일지라도 충분히 제거할 수 있습니다. 우리가 잘되고 성공하며 복을 받게 되는 것은 우리를 둘러싼 삶의 환경에 대해 우리가 어떻게 반응하는지와 밀접한 관련이 있습니다. 우리는 이 땅에서의 인생을 살아가는 동안 다양한 일과 사건을 만나게 될 것입니다. 그럴 때마다 부정적이지 않고 긍정적인 사람으로 그것들을 대한다면, 아무리 어렵고 힘든 일과 사건에서라도 분명히 더 나은 삶이 열리기 시작할 것입니다.

말을 제대로 하기

더 나은 삶을 원하는 사람은 무엇보다 말을 잘해야 합니다. 기가 막힌 상황을 만날지라도 말을 잘하면 상황을 극복하고 성공할 수 있습니다. 1995년도에 미국의 빌게이츠보다 세금을 더 많이 낼만큼 성공한 여성이 있었습니다. 그녀는 눈에 띄는 미인도 아니었으며, 게다가 흑인이었습니다. 그런데 매년 미국의 400대 부자를 뽑아 특집으로 출간하는 포브스 잡지에, 그녀는 당당히 몇 안 되는 여성 중의 한 사람으로 이름을 올렸습니다. 누구인지 아시겠습니까? 바로 TV 토크쇼의 여왕 오프라 윈프리Oprah Winfrey입니다.

그녀는 그야말로 파란만장한 삶을 살았습니다. 할렘 빈민가에서 자란 그녀는 성폭행을 당해 미혼모가 되었고, 인생의 쓴 맛과 고통을 경험했습니다. 하지만 지금 그녀는 세계에서 가장 잘나가는 여성 중의 한 명이 되었습니다. 그녀가 TV에 나와 책을 한 번 소개하면 그 책은 바로 베스트셀러가 될 정도입니다. 대체 무엇이 그녀를 이렇게 성공하게 했을까요? 그것은 바로 그녀가 말을 잘하기 때문입니다. 그리고 그녀가 말을 잘하게 된 것은 정말 어려운 상황에서도 긍정적으로 생각했기 때문입니다.

그녀는 이렇게 말했습니다. "조금도 위험을 감수하지 않는 것이 인생에서 가장 위험한 일일 것이라고 믿습니다." 이삭 역시 긍정적이신 하나님을 닮아 긍정적으로 생각하다 보니 말을 잘했습니다. 이삭은 새로운 우물을 판 후 이렇게 말했습니다.

> "이삭이 거기서 옮겨 다른 우물을 팠더니 그들이 다투지 아니하였으므로 그 이름을 르호봇이라 하여 이르되 이제는 여호와께서 우리를 위하여 넓게 하셨으니 이 땅에서 우리가 번성하리로다 하였더라" 창26:22

사실 이삭은 이런 말을 할 상황이 아니었습니다. 오히려 화병이 나도 몇 번이나 날 상황이었습니다. 계속해서 우물을 빼앗기고 쫓겨나는 상황이었기 때문입니다. 그야말로 억울하고 좌절할 수밖에 없는 상황이었습니다. 그런데도 이삭은 말합니다. "이 땅에서 우리가 번성하리로다." 저는 이 말씀을 묵상하면서 정말 멋진 말이라고 무릎을 탁 쳤습니다. 이삭은 정말 대단한 사람이었습니다.

당신은 성공하는 사람이나 훌륭한 사람 중에 부정적인 태도로 부정적인 말을 하는 사람을 본 적이 있습니까? 아마 거의 볼 수 없을 것입니다. 왜냐하면 우리가 하는 말에는 권세와 능력이 있어서 부정적인 말을 할 경우 부정적인 결과를 초래하게 되기 때문입니다. 성경에서도 우리의 죽고 사는 것이 혀의 권세에 있다고 말합니다.

하나님께서는 세상을 '말씀'으로 창조하셨습니다. 하나님께서 말씀하시기를 "빛이 있으라 하시니 빛이 있었고 …… 땅은 풀과 씨 맺는 채소와 각기 종류대로 씨 가진 열매 맺는 나무를 내라" 하시니 그대로 되었습니다. 즉 모든 만물이 있기 전에 말씀이 먼저 있었습니다. 그 말씀대로 이루어진 것이 우리가 살고 있는 이 세상입니다.

하나님의 형상을 지닌 우리가 하는 말에도 능력이 있습니다. 따라서 우리가 입으로 하는 말은 뱉고 나면 없어지는 것이 아닙니다. 오히려 그 말은 우리의 마음 밭에 떨어져 싹이 트고, 자라나서 꽃을 피우고, 마침내 그 말의 열매를 맺게 됩니다. 결국 말이 현실로 나타나게 됩니다.

가수는 대개 자신의 히트송을 수천 번 이상 부른다고 합니다. 그러면 그 가사가 마음에 심겨질 뿐만 아니라 골수를 거쳐 영혼까지 스며든다고 합니다. 더군다나 가수는 노래를 부를 때 온갖 감정을 다 불어넣어 그 가사에 심취하기 때문에 결국 그가 부른 가사대로 살게 된다고 합니다. 그래서 어떤 통계자료에 따르면, 가수 차중락은 "낙엽 따라 가버린 사랑"을 부르다가 그렇게 젊은 나이로 어느 가을날 낙엽처럼 세상을 떠났던 것이고, 송대관은 오랜 무명가수 시절 끝에 "쨍하고 해뜰날 돌아온단다"라는 노래를 불러 정말 쨍하고 히트하게 되었다고 합니다.

그러니 가능하면 부정적인 말, 부정적인 노래는 하지 않길 바랍니다. 아무리 아파도 죽겠다고 말하지 않고, 아무리 힘들어도 죽을 지경이라고 말하지 않는 훈련을 하면 어떨까요? 현재보다 더 나은 삶은 결코 저절로 오지 않습니다.

하나님께 예배하기

이삭이 복을 받은 비결이 한 가지 또 있습니다. 그것은 그가 삶의 거처를 옮기고 텐트를 옮기며 이동하면서도 단을 쌓기를 게을리 하지 않았다는 것입니다. 즉 이삭은 언제나 예배하는 자였습니다. 그는 리브가와 처음 대면할 때도 들판에 나가 묵상하고 있었습니다. 이는 그가 젊은 시절부터 하나님을 묵상하며 예배했음을 보여줍니다. 뿐만 아니라 그는 가는 곳마다 단을 쌓고 하나님의 이름을 불렀습니다.

예배를 과소평가하지 마십시오. 예배를 잘 드리기 위해 미리부터 준비하는 습관을 길러야 합니다. 또한 가능한 예배 처소에 일찍 나와서 자신을 구원하신 하나님을 경배하고 찬양할 수 있어야 합니다.

한편 이삭은 마음만 하나님을 향했던 것이 아니라 제물도 함께 드렸습니다. 단을 쌓았다는 말은 곧 제물을 드렸다는 뜻입니다. 따라서 우리 역시 예배를 드릴 때 빈손으로 나오지 않아야 합니다. 예배는 우리 자신을 주님께 모두 맡기며 드리는 것입니다. 예배를 위한 예물로서 가장 중요한 것은 일차적으로 우리의 삶입니다. 우리의 거룩한 삶을 가지고 하나님께 나아가야 합니다. 더불어 하나님께서 우리의 삶에 주신 은혜에 감사해서 감사예물을 드리는 것입니다. 그중에서 십일조는 특히 우리의 모든 것이 주님의 것임을 고백하는 신앙의 실천입니다.

하나님께 맡기는 자에게 평화와 축복이 있습니다. 하나님께 맡길 때 하나님께서 책임지십니다. 한국의 목욕탕 입구에는 이런 글귀가 있습니다. "맡기지 않는 물건은 책임지지 않습니다." 그렇습니다. 우리가 하는 일, 우리의 자녀, 우리의 재능과 은사와 미래를 모두 주님께 맡기면 주님께서 책임져 주십니다. 하지만 그렇지 않고 우리 자신이 모든 것을 꽉 쥐고 붙들고 있으면, 애만 쓰고 속만 탑니다. 결국 스트레스와 걱정과 염려에 눌려 평화를 잃어버리고 인생의 행복을 잃어버리게 됩니다. 하나님께서는 우리가 그분께 모든 것을 맡기며 그분을 온전히 신뢰할 때 역사하십니다. 두 손 들고 하나님 앞에 나아가 우리 자신을 온전히 맡길 때 하나님의 역사가 일어나는 것입니다. 인생의 노력을 넘어 하나님의 은혜를 바라볼 때, 비로소 신비롭게 임하시는 하나님의 축복을 경험하게 됩니다.

"이삭이 그 땅에서 농사하여 그 해에 백배나 얻었고 여호와께서 복을 주시므로 그 사람이 창대하고 왕성하여 마침내 거부가 되

이것을 어떻게 설명할 수 있을까요? 이삭은 하나님께서 복을 주시므로 부자가 되었습니다. 그러면 하나님께서는 누구에게 복을 주시는 걸까요? 바로 하나님의 자녀입니다. 하나님을 바르게 예배하는 자입니다. 하나님의 말씀을 믿고 순종하는 자입니다. 그러한 사람들에게 하나님의 신비한 축복이 따라오는 것입니다. 예수님께서는 자신을 따르며 핍박받는 제자들에게 이 땅에서 백배의 축복을 받고 내세에서도 영생의 복을 받을 것이라고 약속하셨습니다. 그러므로 하나님을 예배하면서, 사람들이 달라고 하는 상황 또는 자신이 주어야 할 상황이 되면, 그냥 주십시오. 그리고 다른 사람이 생각할 수 없을 만큼 긍정적인 사람이 되고, 긍정적으로 멋진 말을 하십시오. 그러면 하나님께서 책임지실 것입니다.

<더 나은 삶을 위한 물음>

1. 우리가 누리는 복은 우리 자신이 만드는 것일까요, 하나님의 은혜로 주어지는 것일까요?

2. 족장 이삭과 야곱이 복을 받은 이유는 어디에 있다고 생각합니까? 그렇다면 복을 얻기 위해 우리가 해야 할 일은 무엇일까요?

3. 나는 지금 복 받는 사람의 언어를 사용하고 있습니까?

8. 사람을 잘 다루기

사무엘하 19장 18~30절

"18 왕의 가족을 건너가게 하며 왕이 좋게 여기는 대로 쓰게 하려 하여 나룻배로 건너가니 왕이 요단을 건너가게 할 때에 게라의 아들 시므이가 왕 앞에 엎드려 19 왕께 아뢰되 내 주여 원하건대 내게 죄를 돌리지 마옵소서 내 주 왕께서 예루살렘에서 나오시던 날에 종의 패역한 일을 기억하지 마시오며 왕의 마음에 두지 마옵소서 20 왕의 종 내가 범죄한 줄 아옵기에 오늘 요셉의 온 족속 중 내가 먼저 내려와서 내 주 왕을 영접하나이다 하니 21 스루야의 아들 아비새가 대답하여 이르되 시므이가 여호와의 기름 부으신 자를 저주하였으니 그로 말미암아 죽어야 마땅하지 아니하니이까 하니라 22 다윗이 이르되 스루야의 아들들아 내가 너희와 무슨 상관이 있기에 너희가 오늘 나의 원수가 되느냐 오늘 어찌하여 이스라엘 가운데에서 사람을 죽이겠느냐 내가 오늘 이스라엘의 왕이 된 것을 내가 알지 못하리요 하고 23 왕이 시므이에게 이르되 네가 죽지 아니하리라 하고 그에게 맹세하니라 24 사울의 손자 므비보셋이 내려와 왕을 맞으니 그는 왕이 떠난 날부터 평안히 돌아오는 날까지 그의 발을 맵시 내지 아니하며 그의 수염을 깎지 아니하며 옷을 빨지 아니하였더라 25 예루살렘에서 와서 왕을 맞을 때에 왕이 그에게 물어 이르되 므비보셋이여 네가 어찌하여 나와 함께 가지 아니하였더냐 하니 26 대답하되 내 주 왕이여 왕의 종인 나는 다리를 절므로 내 나귀에 안장을 지워 그 위에 타고 왕과 함께 가려 하였더니 내 종이 나를 속이고 27 종인 나를 내 주 왕께 모함하였나이다 내 주 왕께서는 하나님의 사자와 같으시니 왕의 처분대로 하옵소서 28 내 아버지의 온 집이 내 주 왕 앞에서는 다만 죽을 사람이 되지 아니하였나이까 그러나 종을 왕의 상에서 음식 먹는 자 가운데에 두셨사오니 내게 아직 무슨 공의가 있어서 다시 왕께 부르짖을 수 있사오리이까 하니라 29 왕이 그에게 이르되 네가 어찌하여 또 네 일을 말하느냐 내가 이르노니 너는 시바와 밭을 나누라 하니 30 므비보셋이 왕께 아뢰되 내 주 왕께서 평안히 왕궁에 돌아오시게 되었으니 그로 그 전부를 차지하게 하옵소서 하니라"

인생을 살다보면 다양한 사람들을 만납니다. 그중에는 별다른 이유 없이 내게 돌을 던지는 사람도 있고, 오해하여 등을 돌리는 사람, 기분 좋을 때는 찾아오다가도 조금 수가 틀리면 바로 욕하는 사람도 있습니다. 상식에 맞지 않는 사람도 있고, 자신과는 도무지 체질이 맞지 않는 사람도 있습니다. 다윗에게는 시므이와 시바가 그런 사람들이었습니다. 만일 당신이 다윗이었다면 어떻게 반응하겠습니까?

힘든 사람 받아들이기

시므이는 상황에 따라 변하는 사람입니다. 누군가에게 돌을 던졌다가도 자신이 불리해지면 금방 그에게 사과하는 사람, 약삭빠르고 이해관계에 민감한 사람입니다. 그는 다윗이 아들 압살롬의 반역을 피해 급히 왕궁을 빠져나갈 때, 다윗을 향해 돌을 던지며 "꼴좋다!"라고 저주를 퍼부었습니다. 하지만 나중에 다윗이 반란군을 진압하고 다시 왕궁으로 돌아오자 가장 먼저 급히 나와서 다윗을 영접합니다.

"왕께 아뢰되 내 주여 원하건대 내게 죄를 돌리지 마옵소서 내 주 왕께서 예루살렘에서 나오시던 날에 종의 패역한 일을 기억하지 마시오며 왕의 마음에 두지 마옵소서 왕의 종 내가 범죄한 줄 아옵기에 오늘 요셉의 온 족속 중 내가 먼저 내려와서 내 주

왕을 영접하나이다 하니"삼하19:19~20

시므이는 왕권을 다시 찾아 환궁하는 다윗에게 "왕이여, 이전에는 제가 철이 없어서 어리석게 행동했습니다. 죽을죄를 지었으니 한 번만 용서해 주십시오."라고 호소합니다. 이런 사람을 두고 우리는 '두 얼굴을 가진 사나이', '얼굴에 철판을 깐 사람'이라고 말하곤 합니다. 이런 부류의 사람들은 정말로 다루기 힘듭니다. 신뢰하기가 어려워 함께하기도 어려운 사람입니다.

다윗의 조카이자 부하 장수였던 아비새는 그런 시므이를 보고 화가 치밀어 올라서 가만히 놔두어서는 안 된다며 이렇게 말합니다.

"스루야의 아들 아비새가 대답하여 이르되 시므이가 여호와의
기름 부으신 자를 저주하였으니 그로 말미암아 죽어야 마땅하지
아니하니이까 하니라"삼하19:21

곧 기름부음 받은 자인 지도자를 저주하지 말라는 율법출22:28에 따라 그를 죽이는 것이 마땅하다는 것입니다. 하지만 다윗은 그런 아비새를 만류합니다.

"스루야의 아들들아 내가 너희와 무슨 상관이 있기에 너희가 오
늘 나의 원수가 되느냐 오늘 어찌하여 이스라엘 가운데에서 사

람을 죽이겠느냐"삼하19:22

즉 다윗은 "내가 너희의 마음을 안다. 그러나 나는 그를 죽이는 것이 우리 모두에게 좋지 않다고 생각한다."라며 아비새를 타이르는 것입니다. 동시에 시므이에게 이렇게 약속합니다.

"네가 죽지 아니하리라 하고 그에게 맹세하니라"삼하19:23

다윗은 시므이에게 "비록 너는 나를 저주했지만, 나는 너를 죽이지 않겠다."라고 약속합니다. 다윗의 부하들 입장에서는 납득하기가 어려웠을 것입니다. 이를 두고 일부 학자들도 "다윗이 하나님의 공의를 세우는 데 다소 미흡했다."라고 지적할 정도입니다.

그러면 시므이를 살려주고 용서했던 다윗의 마음은 편했을까요? 아닙니다. 결코 편하지 않았을 것입니다. 감정적으로만 처리했다면, 시므이를 처형하는 것이 가장 쉬운 선택이었을 것입니다. 그러나 많은 학자들은, 만약 이때 다윗이 시므이를 죽였다면 이스라엘 모든 지파의 화해와 일치를 이루는 데 큰 어려움이 있었을 것이라고 평가합니다. 왜냐하면 당시 시므이는 베냐민 지파에서 큰 영향력을 가진 인물이었기 때문입니다. 따라서 다윗이 시므이를 용납한 것은 하나님께서 그에게 약속하신 왕권을 견고케 하는 매우 지혜 있는 처사였다는 것이지요.

마찬가지로 우리 역시 우리를 화나게 하고 짜증나게 하는 사람을 만날 때, 자신의 감정을 절제할 수 있어야 합니다. 그래야만 성도의 길을 걸을 수 있습니다.

"미련한 자는 당장 분노를 나타내거니와 슬기로운 자는 수욕을 참느니라"잠12:16

다윗은 상황에 따라 입장과 말을 바꾸는, 어떻게든 살아남겠다며 아첨하는 시므이를 용납합니다. 그가 행한 대로 보복하지 않고, 오히려 용서합니다.

미국의 16대 대통령인 링컨 대통령에게는 이런 아름다운 일화가 있습니다. 그에게는 항상 그를 붙들고 늘어지는 정적들이 많았습니다. 그중에서도 특별히 에드윈 스탠턴Edwin M. Stanton은 항상 모욕적인 말로 링컨을 공격했습니다. 한 번은 많은 사람들 앞에서 "고릴라를 보기 위해 아프리카까지 갈 필요가 없습니다. 일리노이의 스프링필드에 가면 오리지널 고릴라를 볼 수 있습니다."라고 조롱할 정도로 적대적이었습니다. 그런데 링컨은 대통령에 당선되고 나서 그를 가장 중요한 부서인 국방부장관에 임명하였습니다. 충격을 받은 링컨의 참모들이 "아니, 어떻게 이럴 수가 있습니까?"라고 그에게 항의하자, 링컨은 이렇게 말했다고 합니다.

이제 그 사람은 더 이상 나의 적이 아니잖아요. 먼저 나로서는 적이 없어져서 좋고, 또 그가 나를 돕게 되었으니 이젠 그 사람의 도움을 받게 되어서 좋고, 그런데 내가 무엇을 잃었단 말인가요. 내가 이 사람을 용서하고 요직에 임명한 것 때문에 잃은 것이 없잖아요.

용납은 우리 모두를 훈훈하게 합니다. 또한 그것은 우리 모두를 새롭게 합니다. 반면 복수와 보복은 우리가 해서는 안 되는 일입니다. 복수와 보복, 곧 심판은 하나님께서 알아서 하실 일입니다.

섣불리 판단하지 않기

다윗 일행이 예루살렘 왕궁에 도착하자 다윗 앞에 또 한 사람이 나타났습니다. 바로 므비보셋입니다. 그는 사울의 손자요, 친구 요나단의 아들입니다. 사울과 요나단이 길보아 전투에서 죽었다는 소식을 듣고 유모가 그를 급히 말에 태워 피신시키려다가 떨어뜨리는 바람에 그는 두 다리를 모두 다쳐 절게 되었습니다.삼하4:4

다윗은 왕이 된 후 요나단의 가족을 찾기 위해 전국을 뒤지다가 그를 찾고서는 왕궁에 데려다가 왕자처럼 대우해 주었습니다. 그런데 다윗이 압살롬의 반역으로 왕궁을 나갈 때 므비보셋은 함께 따라 나서지 않았습니다. 이에 다윗이 므비보셋을 의심하고 있을 때, 그의 종이었던 시바가 나아와 다윗에게 매우 실망스런 말을 전합니다.

"예루살렘에 있는데 그므비보셋가 말하기를 이스라엘 족속이 오늘
내 아버지의 나라를 내게 돌리리라 하나이다"삼하16:3

이는 거짓말이었지만, 당시 달리 정보를 얻을 수 없었던 다윗으로서는 이 말을 사실로 믿을 수밖에 없었습니다. 때문에 다윗은 이 말을 듣고 매우 큰 배신감을 느꼈을 것이고, 그래서 화가 나서 므비보셋의 재산을 모두 시바에게 주라고 명령했습니다삼하16:4. 아마도 다윗은 '므비보셋, 이 은혜를 배신으로 갚는 못된 놈!' 하고 생각했을 것입니다.

그런데 그 므비보셋이 지금 다윗 앞에 나타났습니다. 다윗의 마음이 어떠했을까요? 가장 친했던 친구의 아들이기에 온 나라를 뒤져서 찾아냈을 뿐만 아니라 자기 아들처럼 지극히 사랑하고 돌보아주었는데, 그런 은혜를 보기 좋게 배신으로 갚은 므비보셋을 마주했을 때, 다윗은 모르긴 몰라도 화가 머리끝까지 치밀어 올랐을 것입니다. 그래도 다윗은 마음을 진정시키고 먼저 그에게 왜 자신과 함께 피난길에 오르지 않았냐고 묻습니다.

"므비보셋이어 네가 어찌하여 나와 함께 가지 아니하였더냐"삼하
19:25b

이에 므비보셋이 답합니다.

> "내 주 왕이여 왕의 종인 나는 다리를 절므로 내 나귀에 안장을
> 지워 그 위에 타고 왕과 함께 가려 하였더니 내 종이 나를 속이
> 고 종인 나를 내 주 왕께 모함하였나이다 내 주 왕께서는 하나님
> 의 사자와 같으시니 왕의 처분대로 하옵소서"삼하19:26~27

어쩌면 이 같은 므비보셋의 말은 다윗에게 들리지 않았을 수도 있
습니다. 앞서 시바의 말을 먼저 들은 다윗으로서는 므비보셋에게 편
견을 가질 수밖에 없었기 때문입니다. 그러나 우리가 꼭 명심해야 할
것이 있는데, 그것은 어떤 문제가 있을 때 한 쪽 말만 들으면 안 된다
는 것입니다. 그럴 경우 반드시 실수하게 됩니다. 사람은 항상 자기에
게 유익이 되도록 말하기 때문에 한 쪽 말만 들을 경우 다른 쪽의 사
람은 정말 나쁜 사람이 되고 맙니다. 만일 다윗이 시바의 말만 들었다
면, 므비보셋을 보는 순간 다윗은 다짜고짜 화를 내며 "꼴도 보기 싫
으니 당장 내 앞에서 꺼져라!"라고 말했을지도 모릅니다. 그랬다면 불
쌍한 므비보셋은 역사에서 영원히 사라지고 말았겠지요.

잭 하일즈 목사는 사람들과의 관계를 다루는 데서 가장 중요한 자
질 중의 하나는 '기다릴 줄 아는 것'이라고 했습니다. "아이를 징계하
기 전에 기다리라." "누구든지 흥분하고 화가 나있을 때 아이를 때려
서는 안 된다." "반박편지를 부치기 전에 기다리는 것이 좋다." 그렇

습니다. 화가 났을 때 그 화를 곧바로 행동에 옮기는 사람은 대개의 경우 큰 실수를 하게 됩니다.

다행히도 다윗은 므비보셋의 말을 듣는 여유를 가졌습니다. 뿐만 아니라 그의 말을 듣고서는 바른 지혜와 분별력으로 상황을 정확히 판단합니다. 그리고는 그에게 종인 시바와 토지를 반반씩 나누라고 명령합니다. 사실 므비보셋은 다윗의 은혜가 꼭 필요했던 불쌍한 사람이었습니다. 그는 아무리 마음이 있어도 몸이 불편하여 누군가 힘으로 자신을 막으면 어쩔 수가 없었습니다.

"그는 왕이 떠난 날부터 평안히 돌아오는 날까지 그의 발을 맵시 내지 아니하며 그의 수염을 깎지 아니하며 옷을 빨지 아니하였 더라"삼하19:24

여기서 '수염을 깎지 않았다'라는 것은 죽은 자를 애도할 때 행하던 표시였습니다. 그리고 '옷을 빨지 않았다'라는 것 역시 극한 슬픔과 고통 중에 있음을 나타내는 것이었습니다. 그만큼 므비보셋은 다윗이 왕궁을 떠난 날부터 그를 위해 날마다 슬픔과 고통으로 함께했던 것입니다. 이것이 그의 진심이었습니다.

인생을 살면서 우리는 누군가에게서 오해를 받기도 하고, 반대로 누군가를 오해하기도 합니다. 어떤 경우에는 오해가 잘 풀리기도 하지만, 다른 경우에는 오해가 풀리지 않아 답답하기도 합니다. 오해가 풀리지 않을 경우에는 다음과 같은 사도 바울의 말씀을 마음에 담는 것이 매우 유익합니다.

"누가 누구에게 불만이 있거든 서로 용납하여 피차 용서하되 주께서 너희를 용서하신 것 같이 너희도 그리하고 이 모든 것 위에 사랑을 더하라 이는 온전하게 매는 띠니라"골3:13

오해하거나 오해를 받을 때, 무엇보다 중요한 것은 우리의 마음가짐입니다. 그럴 때 우리는 "이 고통의 순간도 지나갈 것이다! 주님께서 어느 순간 풀어주실 것이다!"라고 믿어야 합니다. 그리고 "주님께서 나를 용서하신 것같이 나도 용서하겠습니다."라고 마음먹어야 합니다. 그렇지 않으면 모두가 고통과 불행의 늪에서 빠져 나오지 못할 것입니다. 때문에 예수님께서도 용서에 관해 이렇게 가르치셨습니다.

"진실로 너희에게 이르노니 무엇이든지 너희가 땅에서 매면 하늘에서도 매일 것이요 무엇이든지 땅에서 풀면 하늘에서도 풀리리라 진실로 다시 너희에게 이르노니 너희 중의 두 사람이 땅에서 합심하여 무엇이든지 구하면 하늘에 계신 내 아버지께서 그들을 위하여 이루게 하시리라"마18:18~19

예수님께서는 우리가 먼저 매듭을 풀어야 하늘에서도 풀릴 것이라고 약속하십니다. 그렇습니다. 우리가 매듭을 풀 때, 우리는 물론이거니와 상대방도 자유를 얻게 될 것입니다. 누가 우리의 마음을 닫는 것일까요? 바로 우리 자신입니다. 또한 누가 우리의 마음을 풀 수 있을까요? 바로 우리 자신입니다. 다른 사람이 대신 풀어주는 것이 아닙니다. 우리 자신이 풀어야만 합니다.

예수님께서는 우리가 닫힌 마음을 풀고 함께 합심하여 구하면 무엇이든지 이루어주시겠다고 약속하셨습니다. 우리는 하나님의 자녀요, 왕의 자녀입니다. 우리는 회복된 자입니다. 그런 만큼 과거에 받은 상처를 아직도 지니고 있다면 이제는 떠나보내야 합니다. 그것이 하나님의 백성인 우리 성도가 누리는 복입니다. 그러면 오늘 우리가 용서하고 맞이해야 할 므비보셋은 누구일까요?

사람을 얻기

> "므비보셋이 왕께 아뢰되 내 주 왕께서 평안히 왕궁에 돌아오시게 되었으니 그로 그 전부를 차지하게 하옵소서"삼하19:30

다윗으로부터 오해가 풀리자 므비보셋은 뛸 듯이 기뻤을 것입니다. 정말이지 그의 마음이 얼마나 후련했을까요? 만약 다윗이 계속해서 오해하고 므비보셋에게 "난 너를 더 이상 보지 않겠다."라고 말했다면, 아마도 그는 영원히 므비보셋을 잃었을 것입니다. 그러나 다윗은 오해를 풀고 므비보셋을 용납했습니다. 이러한 다윗의 용납은 므비보셋 뿐만 아니라 우리 모두에게 기쁨을 안겨다 줍니다.

남아프리카 잠비아의 북부 고산지대에는 바벰바족이 사는 마을이 있습니다. 그곳은 범죄가 없는 곳으로 잘 알려져 있는데, 서구의 학자들이 그 이유를 알아보기 위해 연구하다가 아주 흥미로운 사실을 발견했다고 합니다. 그것은 바로 죄지은 사람에 대한 특별한 처벌이었습니다. 그들은 부족 중 누군가가 죄를 지으면 마을 사람들이 그를 마을 한복판에 세웁니다. 그리고는 그를 빙 둘러쌉니다. 그런 다음 어떻게 할까요? 대개는 마을 사람들이 그를 둘러싸고 비난하며 창피를 주는 것을 상상할 것입니다. 심한 잘못을 저질렀을 경우에는 체벌을 하거나 심지어 그를 향해 돌팔매질을 할 수도 있겠다고 생각할 것입니다.

하지만 바벰바족의 문화는 전혀 달랐습니다. 마을 사람들은 그 사람을 둘러싼 뒤 돌아가면서 그를 칭찬하기 시작합니다. "지난번에 내게 먹을 것을 줘서 고마워." "나를 향해 웃어줘서 기뻤어." "지난 해 우리 집을 고칠 때 도와준 것 고마워." "너는 어렸을 때 얼마나 착한 아이였는지 몰라." 등등. 저주와 야유를 퍼부어야 할 상황에서 바벰바족 사람들은 오히려 돌아가면서 칭찬과 격려를 합니다. 그리고 이렇게 마을 사람들이 진심을 담아서 하는 칭찬과 격려를 들을 때 그 사람은 흐느껴 울기 시작합니다. 마을 사람들이 모두 그를 칭찬하고 나면, 그가 저지른 잘못은 용서됩니다. 그런 다음에는 잔치가 벌어집니다.

이는 잘못을 저지른 사람이 새로 태어났음을 축하하기 위한 잔치입니다. 하지만 이런 마을 축제를 구경하기는 쉽지 않습니다. 범죄가 거의 일어나지 않기 때문입니다.

사람들에게 둘러싸인 죄인은 마을 사람들의 용납이 없이는 다시 일어설 수 없는 불쌍한 사람입니다. 므비보셋 역시 인간적으로 참 불쌍한 사람입니다. 시바가 거짓말로 자신과 다윗을 이간질해도 어쩔 수없이 당할 수밖에 없는 사람입니다. 두 다리를 쓸 수 없어 누군가 그의 길을 가로막으면 스스로의 힘으로 피해갈 수도 없는 사람입니다. 또한 다윗의 용서와 용납이 없으면 한 평생 고통 속에 살 수밖에 없는 사람입니다.

오늘 본문에 등장하는 성경 스토리는 단순한 인간관계를 다루는 사건이 아닙니다. 그보다 한 걸음 더 나아가 이 스토리는 다른 사람의 도움이 아니면 온전히 살 수 없는 우리를 회복시키시는 하나님의 놀라운 사랑의 이야기입니다. 즉 스스로 살아가기 힘든 므비보셋과도 같은 우리를 진정한 왕이신 예수 그리스도를 통해서 회복시키는 구원의 이야기임을 놓쳐서는 안 됩니다.

성경의 핵심은 죄를 지은 사람을 용납하시는 하나님의 사랑입니다. 용서받은 사람은 새 힘을 얻고, 다른 사람과 더불어 새로운 삶을 살 수 있는 힘과 용기를 얻습니다. 지금 우리는 어떤 사람입니까? 교묘한 사탄의 거짓과 유혹 앞에 쉽게 넘어지는 사람이 아닙니까? 그리고 이런 우리를 주님께서 다시 회복시켜주셨다는 사실을 아십니까? 회복된 우리에게는 이제 다른 사람을 회복시키며 살아야 할 사명이 있습니다. 당신은 당신을 속상하게 만드는 사람을 어떻게 다루겠습니까?

"믿음이 강한 우리는 마땅히 믿음이 약한 자의 약점을 담당하고 자기를 기쁘게 하지 아니할 것이라 우리 각 사람이 이웃을 기쁘게 하되 선을 이루고 덕을 세우도록 할지니라" 롬 15:1~2

더 나은 삶은 하나님의 사랑으로 다른 사람을 용납하는 것입니다.

<더 나은 삶을 위한 물음>

1. 지금까지 살면서 당신에게 돌을 던진 사람들이 있습니까?

2. 시므이에 대한 다윗의 태도에서 자신에게 실제로 적용해야 할 것은 무엇입니까?

3. 바벰바 부족의 문화를 보면서 당신은 어떤 생각을 하게 됩니까?

제3장

더 나은 삶의 열매

9. 큰 자로 살기

창세기 18장 16~26절

"¹⁶ 그 사람들이 거기서 일어나서 소돔으로 향하고 아브라함은 그들을 전송하러 함께 나가니라 ¹⁷ 여호와께서 이르시되 내가 하려는 것을 아브라함에게 숨기겠느냐 ¹⁸ 아브라함은 강대한 나라가 되고 천하 만민은 그로 말미암아 복을 받게 될 것이 아니냐 ¹⁹ 내가 그로 그 자식과 권속에게 명하여 여호와의 도를 지켜 의와 공도를 행하게 하려고 그를 택하였나니 이는 나 여호와가 아브라함에게 대하여 말한 일을 이루려 함이니라 ²⁰ 여호와께서 또 이르시되 소돔과 고모라에 대한 부르짖음이 크고 그 죄악이 심히 무거우니 ²¹ 내가 이제 내려가서 그 모든 행한 것이 과연 내게 들린 부르짖음과 같은지 그렇지 않은지 내가 보고 알려 하노라 ²² 그 사람들이 거기서 떠나 소돔으로 향하여 가고 아브라함은 여호와 앞에 그대로 섰더니 ²³ 아브라함이 가까이 나아가 이르되 주께서 의인을 악인과 함께 멸하려 하시나이까 ²⁴ 그 성 중에 의인 오십 명이 있을지라도 주께서 그 곳을 멸하시고 그 오십 의인을 위하여 용서하지 아니하시리이까 ²⁵ 주께서 이같이 하사 의인을 악인과 함께 죽이심은 부당하오며 의인과 악인을 같이 하심도 부당하니이다 세상을 심판하시는 이가 정의를 행하실 것이 아니니이까 ²⁶ 여호와께서 이르시되 내가 만일 소돔 성읍 가운데에서 의인 오십 명을 찾으면 그들을 위하여 온 지역을 용서하리라"

삼성이나 현대와 같은 대기업의 회장이나 국회의원들과 같이 세상에서 잘나가는 부자와 권력자들에 비해 예수님을 믿는 성도들은 작고 초라해 보이는 것이 사실입니다. 사실 믿음의 조상 아브라함도 하나님의 부름을 받아 신앙여정의 삶을 걸어갔지만, 당시 사람들에게는 전혀 주목받지 못하는 이름 없는 변방 사람에 불과했습니다. 하물며 당시 이집트 왕궁에서 화려한 부를 누리며 강력한 권력을 행사하던 바로와 비교할 바가 되기나 했겠습니까?

하지만 현실이 이럴지라도 성경이 하나님의 백성을 보는 관점은 분명히 다릅니다. 하나님께서는 아브라함을 두고 이렇게 말씀하셨습니다.

"아브라함은 강대한 나라가 되고 천하 만민은 그를 인하여 복을
받게 될 것이 아니냐"창18:18

뿐만 아니라 하나님께서는 훗날 이집트의 노예 민족으로 있다가 모세의 인도 아래 출애굽한 오합지졸과 같은 이스라엘 백성들을 두고도 이렇게 말씀하셨습니다.

"오늘 내가 너희에게 선포하는 이 율법과 같이 그 규례와 법도가
공의로운 큰 나라가 어디 있느냐"신4:8

애굽을 나오긴 했지만, 나라를 건설할 땅은 물론이거니와 나라를 운영할 조직과 건물, 재물조차 전혀 가지고 있지 않았던, 심지어 그날 그날 먹고 살기에도 빠듯해했던 이스라엘 백성들을 두고 "공의로운 큰 나라"라고 말씀하신 것은 쉽게 납득이 되지 않습니다. 하지만 이는 우리가 눈에 보이는 것으로만 판단하기 때문입니다. 하지만 하나님께서는 눈에 보이는 것으로 판단하시지 않습니다. 이를 잘 보여주는 것이 이집트의 바로 앞에서 야곱이 보인 행동입니다. 야곱은 가나안 땅에 기근이 와서 살기가 힘들어졌을 때, 당시 이집트의 총리로 있던 요셉의 초청으로 이집트로 내려가게 되었습니다. 그리고 이집트의 바로 앞에 서게 되었는데, 그때 야곱은 바로에게 이런 행동을 보입니다.

"야곱이 바로를 축복하고 그 앞에서 나오니라" 창47:10

사실 누가 봐도 당시 상황에서 누가 축복하고 누가 축복을 받아야 하는지는 뻔한 것이 아닙니까? 가나안 변방의 이름 없는 노인이었던 야곱을 당시 최강의 제국을 다스리던 바로가 축복하는 것이 당연한 것 아닙니까? 하지만 성경은 정반대로 기록합니다. 축복을 하는 자는 변방의 이름 없는 노인이었고, 축복을 받는 자는 최강 제국의 바로였습니다. 그렇습니다. 우리의 인식과는 달리 진정으로 큰 자에 대한 기준은 능력과 재물, 외모에 있지 않다는 것이 성경이 말하는 바요, 곧 성경적인 가치입니다.

혹시 지금 자신의 현실이 너무 힘들고 어려워서, 또는 너무 초라해 보여서 '내 주제에 무슨 큰 자가 되거나 복을 주는 자가 될 수 있을까?'라고 생각하고 있지는 않습니까? 만일 그렇다면 잘못 생각하는 것입니다. 성경은 '큰 자'에 대해, '복을 주는 자'에 대해 우리의 판단과 전혀 다릅니다. 그러면 성경이 말하는 '큰 자'란 누구일까요? 성경은 무엇을 기준으로 '큰 자'를 판단하는 것일까요?

하나님의 비밀을 아는 자

원래 아브라함은 갈대아 우르에서 우상을 섬기는 집안의 후손이었습니다. 하지만 하나님께서 다짜고짜 그에게 고향을 떠나라고 말씀하시자, 그는 오직 그 말씀 하나를 붙들고 가나안 땅까지 오게 되었습니다. 그가 유목민으로 가나안 땅의 헤브론 산지에 텐트를 치며 거주하고 있었을 때, 하나님의 천사들*이 그를 방문했습니다. 아브라함은 그들을 극진히 대접했습니다. 이에 그들은 아브라함을 떠나면서 하나님께서 행하실 일을 그에게 알려줍니다.

"여호와께서 가라사대 나의 하려는 것을 아브라함에게 숨기겠

---

* 학자들은 이들 중의 한 분은 구약에서 인간의 몸으로 나타나신 하나님, 즉 그리스도라고 말한다.

하나님께서 행하실 일은 다름 아닌 소돔과 고모라를 유황불로 심판하시는 것이었습니다. 이러한 하나님의 심판계획을 아무도 알지 못했던 때에 하나님께서는 그분의 계획을 아브라함에게 알게 해주신 것입니다. 이로 보건대, 누가 세상에서 큰 자라고 할 수 있을까요? 그것은 이 우주의 통치자요 주인이신 하나님의 뜻을 아는 자입니다. 하나님의 크신 뜻과 비밀을 알고 그것에 맞추어 지혜 있게 사는 자입니다. 그렇습니다. 이보다 더 나은 삶이 어디에 있겠습니까?

하나님께서 행하실 비밀스런 일을 먼저 알고 그것에 따라 살아갈 뿐 아니라 그것을 다른 사람에게 전하며 사는 자, 그가 바로 큰 자입니다. 이와 달리 세상에서는 재산이 많은 사람을 '거부巨富'라 하고, 능력과 재능이 많은 자를 큰 자라고 합니다. 물론 그들에게서 삶을 대하는 적극적인 태도와 사고를 배울 수도 있지만, 성경은 재물이 많고 능력이 많다고 해서 큰 자라고 하지 않습니다.

하나님의 뜻을 모르고 자신이 최고라고 여기며 사는 사람에 대해 예수님께서는 어떻게 평가하셨을까요? 누가복음 12장에는 경영능력도 뛰어나고 농사일도 잘해 풍성하게 수확함으로써 곡물시장에서 큰 영향력을 행사하는 사람이 나옵니다. 그는 장래의 투자를 위해 자신의 창고를 더 늘리려는 부푼 꿈에 즐거워했습니다. 그런데 그런 부자를 두고 예수님께서는 이렇게 말씀하십니다.

"하나님은 이르시되 어리석은 자여 오늘 밤에 네 영혼을 도로 찾

으리니 그러면 네 준비한 것이 누구의 것이 되겠느냐 하셨으니"

눅12:20

그를 두고 예수님께서는 한 마디로 '어리석은 자'라고 말씀하십니다. 그렇습니다. 하나님의 뜻을 모르고, 재산이나 외모 등 눈에 보이는 것만을 추구하는 사람은 이 세상에서 아무리 잘 나간다 하더라도 '어리석은 자'일 뿐입니다. 이와 관련해 시편기자 역시 이렇게 노래합니다.

"어리석은 자는 그의 마음에 이르기를 하나님이 없다 하는도다

그들은 부패하고 그 행실이 가증하니 선을 행하는 자가 없도다"

시14:1

그 어떤 화려한 삶과 업적을 이룬다 하더라도 하나님을 알지 못하는 것은 결코 선善이 될 수 없습니다. 그에 반해 성경은 아무리 작은 행위라도 예수님의 뜻을 따라 행하는 것을 선善이라고, 그런 사람을 '큰 자'라고 말합니다.

"저희에게 이르시되 누구든지 내 이름으로 이 어린아이를 영접

하면 곧 나를 영접함이요 또 누구든지 나를 영접하면 곧 나 보내

신 이를 영접함이라 너희 모든 사람 중에 가장 작은 그이가 큰 자니라"눅9:48

예수님께서는 그분을 영접함으로 하나님의 자녀가 되고, 하나님의 뜻과 하나님께서 하실 일을 아는 사람이 큰 자라고 명확하게 규정하십니다. 그러므로 우리는 비록 세상물정은 잘 모를지라도 하나님을 알고 그분의 뜻을 아는 성도로 사는 사람이 곧 지혜로운 자요, 복된 자요, 큰 자임을 잊어서는 안 됩니다. 다시 정리해 볼까요? 누가 이 세상에서 큰 자입니까? 이 우주의 통치자요 주인이신 하나님의 뜻과 비밀을 아는 자가 큰 자입니다.

다른 사람을 복되게 하는 자

시골뜨기와 다를 바가 없었던 아브라함의 미래와 그가 누릴 삶에 관해 하나님께서는 그를 "강대한 나라"가 되게 하시고, "천한 만민이 그를 인하여 복을 받게 될 것"이라고 약속하셨습니다. 과연 이보다 더 나은 삶이 있을까요? 여기서 '천하 만민'이란 세상의 모든 민족들, 모든 부류의 사람들을 포함합니다. 따라서 그에게 얄밉게 구는 사람들, 심지어 그의 원수들까지도 그로 말미암아 복을 받게 될 것이라는 의미입니다.

롯은 아브라함의 조카였지만, 객관적으로 볼 때 그는 얄미운 존재였습니다. 그는 삼촌 아브라함이 갈대아 우르를 떠나 가나안 땅으로 올 때 함께 왔습니다. 하지만 떠돌이 유목민에 불과했던 그들이 하나님의 은혜로 큰 부를 얻게 되었을 때, 그들에게 거주할 목초지가 모자라는 문제가 발생했습니다. 결국 두 사람이 함께 머무를 수 없다고 판단하고 아브라함은 롯에게 먼저 거주할 땅을 선택하라고 권했습니다.

"네 앞에 온 땅이 있지 아니하냐 나를 떠나가라 네가 좌하면 나는 우하고 네가 우하면 나는 좌하리라" 창13:9

그러자 롯은 조금도 망설이지 않고 최고로 좋은 목초지, 평평하면서도 풀과 물이 많은 지역을 선택하여 떠났습니다. 인간적으로 보면 그런 롯이 못내 서운하고 얄미울 수도 있었을 것입니다. 또한 척박한 헤브론 산지에 머무르면서 어쩌면 평평하면서도 물과 초원이 넘쳐나는 소돔과 고모라 땅을 선택한 롯이 무척이나 부러웠을 수도 있습니다. 그런데 하나님께서 그 풍요로운 땅을 심판하실 것이라는 최신정보를 직접 듣게 된 것입니다. 그러면 보통사람들은 어떻게 반응할까요? "Yes, 할렐루야! 역시 하나님은 내 편이셔! 롯, 이 녀석, 조카라는 녀석이 그동안 내가 자기에게 베풀어준 은혜도 모르고, 눈앞의 좋은 땅을 먼저 차지하려고 나를 버리고 떠날 때 이미 알아봤어. 역시 하나님은 공평하신 분이셔."라고 반응하지 않을까요?

하지만 아브라함은 달랐습니다.

> "가까이 나아가 가로되 주께서 의인을 악인과 함께 멸하시려나
> 이까" 창18:23

아브라함은 인간적으로 볼 때 분명 얄미운 존재였을 법한 조카 롯을 위해 기도했을 뿐만 아니라, 그가 머물고 있는 도시를 염려하며 하나님의 심판을 재고해 달라고 간청했습니다. 아브라함은 결코 옹졸한 사람이 아니었습니다. 그는 얄미운 조카 롯도 충분히 품을 만큼 큰 자였습니다. 이보다 더 나은 삶이 있을까요?

자기에게 얄밉게 구는 사람, 섭섭하게 하는 사람을 위해 기도하는 것이 참된 복입니다. 다른 사람을 축복하는 일은 그들의 현재의 모습과 상황을 보고 축복하는 것이 아니라 장차 하나님께서 그들을 변화시키고 바꾸어주실 것을 내다보고 축복하는 것입니다. 때문에 지금 우리를 힘들게 하고 얄밉게 행동하는 사람을 보며 "저 친구, 완전히 망했으면 좋겠다! 무슨 사고가 나든지 안 좋은 일로 감옥에 갔으면 좋겠다!"라고 반응하는 것은 속 좁은 사람들이나 하는 것입니다. 이와 달리 큰 자는 지금의 얄밉고 화나게 하는 행동이 아니라 미래 하나님의 은혜로 바뀔 그의 모습을 보며 축복합니다.

앤서드 멜로이의 글에는 이런 일화가 있다고 합니다. 어느 동네에 10년 동안 가게를 운영해온 사람이 있었습니다. 그런데 어느 날 맞은

편에 그보다 더 큰 가게가 생겼습니다. 걱정이 된 주인은 평소에 자신이 스승처럼 여기는 사람을 찾아갔습니다. 그리고는 "10년 동안 지켜 온 가게인데 이제 망하게 되었습니다. 이 가게가 망하면 다른 기술이 없는 나로서는 살 길이 막막해집니다."라며 땅이 꺼져라 한숨을 쉬었습니다. 그러자 스승은 이렇게 말했습니다.

"자네가 그 가게를 두려워하면 그를 증오하게 될 것이네. 그런데 그 증오가 오히려 자네를 파멸로 인도하는 원인이 될 수 있을 거야."

"그러면 제가 어떻게 하면 좋겠습니까?"

"매일 아침 가게 앞에 나가서 자네 가게를 축복하고, 돌아서서 길 건너의 가게도 축복하게."

"축복이라고요? 그것도 경쟁자, 아니 파괴자의 가게까지 축복하라고요?"

"자네가 그에게 축복하는 것은 무엇이든 자네에게 좋게 되돌아올 걸세. 그러나 자네가 그에게 불행이나 악한 일이 일어나길 바랄 때는 무엇이든 그것이 자네를 멸망시키고 말 거야."

여섯 달이 지난 후에 그 주인은 다시 스승을 찾아왔습니다.

"제가 걱정과 근심만 했다면 정말 가게를 닫아야 했을 겁니다. 그러나 스승님 말씀대로 했더니 지금은 그 맞은편 가게까지 맡게 되었고, 어느 때보다도 경기가 좋아졌습니다."

그렇습니다. 과연 누가 큰 자일까요? 하나님께서 아브라함에게 약속하신 것처럼, 나 때문에 다른 사람이 복을 받고 또 내가 하는 일 때문에 내 이웃이 복을 받고 잘되게 된다면, 세상에 이보다 더 나은 삶이 어디에 있겠습니까?.

세상을 품는 자

아브라함은 조카 롯이 거주하고 있던 소돔과 고모라의 멸망에 가슴 아파하며 하나님께 기도합니다.

> "그 성중에 의인 오십이 있을지라도 주께서 그 곳을 멸하시고 그 오십 의인을 위하여 용서치 아니하시리이까"창18:24

아브라함은 소돔과 고모라에 의인 10명이라도 있다면 그들을 봐서 그 도시를 용서해달라고 하나님께 간절히 기도하는 것입니다. 그런데 우리는 종종 소돔과 고모라와 같은 악한 도시, 그리고 그런 도시를 만드는 악한 사람들은 그들이 행한 대로 심판을 받는 것이 마땅하며 좋은 일이라고 생각할 수 있습니다. 하지만 만약 그런 멸망의 대상에 우리가 포함되어 있어도 그렇게 말할 수 있을까요? 사실 하나님의 기준으로 심판하신다면, 이 세상에 심판을 면할 수 있는 사람은 한 사람도 없을 것입니다.

세상의 기준에서 큰 자로 잘나가는 사람은 최고의 정보를 먼저 입수하여 자신의 유익을 위해 사용합니다. 그러나 하나님의 기준에서 큰 자였던 아브라함은 하나님께서 소돔과 고모라를 심판하실 것이라는 최고의 정보를 먼저 알고서 자신의 유익이 아니라 소돔과 고모라의 사람들을 위해 기도했습니다. 그는 결국 하나님께 응답을 받습니다.

> "하나님이 그 지역의 성을 멸하실 때에 하나님이 아브라함을 생각하사 롯을 그 엎으시는 중에 내어 보내셨더라"창18:29

비록 우리 마음에 들지 않는 사람이라 하더라도 그가 우리로 말미암아 하나님의 진노를 피하고 축복을 받게 된다면, 이보다 더 큰 복이 어디에 있겠습니까? 그런데 왜 성경은 하나님께 소돔과 고모라 사람들을 살려달라며 간절히 기도하는 아브라함에 대해 기록하고 있는 걸까요? 그것은 성도가 이 세상에서 선택하며 살아가야 할 길이 무엇인지를 보여주는 것이 아닐까요? 다른 사람을 위해 기도하는 것은 나의 영역을 넘어 세상을 품는 것입니다. 아브라함의 기도는 성도가 어떤 존재인지를, 어떤 삶을 추구해야 하는지를 보여줍니다. 그러므로 우리 또한 아브라함을 본받아 다른 사람을 위해 기도하는 사람이 되어야 합니다.

성도는 어떤 사람이나 상황이 자신의 마음에 들지 않더라도 그 앞에서 악담을 하거나 부정적인 언행을 하지 않습니다. 오히려 자신으로 말미암아 그들이, 그리고 그 상황이 복을 받게 하는 사람입니다. 십

지어 심판받아 멸망할 도시에 있는 사람들조차 주님께 돌아오도록 그들을 위해 기도하는 사람입니다.

이 세상에 예수 그리스도보다 크신 분은 없습니다. 그분께서는 자신을 배반한 인간을 위해 자신을 버리시려고 이 땅에 오셨습니다. 그분께서는 그야말로 상종할 수 없는 사람들, 원수들을 위해 이 땅에 오셨습니다. 그것이 예수님의 성육신을 기념하는 성탄입니다. 이것을 아는 성도야말로 참으로 큰 자입니다. 그는 큰 자로서 도무지 상종하기 어려운 사람이나 지역, 나라를 위해서도 기도하면서 자신 안에 있는 새 생명과 은혜를 기꺼이 나눕니다. 그것이 더 나은 삶이며, 그런 삶에서 오는 복입니다.

<더 나은 삶을 위한 물음>

1. 헤브론 산지의 한 유목민 아브라함을 큰 자로 칭하는 것이 지금의 당신과 어떤 관계가 있습니까?

2. 어떤 자가 큰 자라고 생각합니까? 당신의 말로 표현한다면 어떻게 정리할 수 있을까요?

3. 현재 당신의 삶에서 '큰 자'로 살기 위해 정리해야 할 것은 무엇입니까?

10. 환난 중에 기뻐하기

로마서 5장 1~5절

"1 그러므로 우리가 믿음으로 의롭다 하심을 받았으니 우리 주 예수 그리스도로 말미암아 하나님과 화평을 누리자 2 또한 그로 말미암아 우리가 믿음으로 서 있는 이 은혜에 들어감을 얻었으며 하나님의 영광을 바라고 즐거워하느니라 3 다만 이뿐 아니라 우리가 환난 중에도 즐거워하나니 이는 환난은 인내를, 4 인내는 연단을, 연단은 소망을 이루는 줄 앎이로다 5 소망이 우리를 부끄럽게 하지 아니함은 우리에게 주신 성령으로 말미암아 하나님의 사랑이 우리 마음에 부은 바 됨이니"

더 나은 삶이란 지금보다 더 많은 돈을 벌고, 더 큰 권력을 누리고, 더 건강한 삶을 사는 것이 아닙니다. 인간은 종종 더 좋은 환경 때문에 오히려 망가지기도 합니다. 반대로 감당하기 어려운 환난을 당하더라도 오히려 그 가운데서 더 기뻐하며 살 수도 있습니다. 그렇다면 이보다 더 나은 삶은 없을 것입니다. 사도 바울은 1세기 로마에 있는 성도들에게 당당하게 이렇게 선언합니다.

> "또한 그로 말미암아 우리가 믿음으로 서 있는 이 은혜에 들어감을 얻었으며 하나님의 영광을 바라고 즐거워하느니라 다만 이뿐 아니라 우리가 환난 중에도 즐거워하나니……" 롬5:2~3

바울이 이렇게 말할 수 있었던 이유가 어디에 있을까요?

소망

오늘 이 말씀을 받은 1세기 성도들은 로마 제국 하에서 갖은 환난과 학대를 받고 있었습니다. 로마의 황제와 눈에 보이는 온갖 우상들을 신으로 섬기는 유신론자들이 주류를 이루는 사회에서, 성도들은 눈에 보이지 않는 하나님과 예수님만을 섬긴다는 이유로 '무신론자'라는 오해를 받으며 핍박을 받아야 했습니다. 예수님의 몸과 피를 상징하는 성찬식에 대해서는 사람의 살과 피를 나누는 식인습관을 가진 사이비 집단으로 오해받기까지 했습니다. 뿐만 아니라 네로 황제의 치하에서는 자신이 로마시를 불태운 뒤 그 죄를 그리스도인들에게 뒤집어씌워 대대적으로 핍박하는 일도 있었습니다. 그럼에도 불구하고 바울은 이렇게 말합니다.

"또한 그로 말미암아 우리가 믿음으로 서 있는 이 은혜에 들어감을 얻었으며 하나님의 영광을 바라고 즐거워하느니라"롬5:2

대체 어떻게 그런 극한의 어려움 중에서도 기뻐한다고 말할 수 있었을까요? 그것은 바로 그들에게 "하나님의 영광을 바라보는 소망"이 있었기 때문입니다. 그런데 일반적으로 성경에서 하나님의 영광이 임할 때, 사람들은 그분의 영광 앞에서 얼굴을 가리고 땅에 엎드리게 됩니다. 솔로몬 왕이 성전을 완공한 뒤 감사예배를 드릴 때도 하나님의 영광이 구름과 함께 나타나자, 사람들은 모두 두려워하며 감히 성전에 들어갈 수 없었습니다. 하지만 예수님으로 말미암아 이것이 바뀌었습니다. 곧 예수님을 믿어 그리스도인이 된 사람들은 하나님의 영광의 임재 앞에 바로 들어갈 수 있는 특권을 얻게 되었습니다. 따라서 이제 하나님의 영광과 임재 안으로 들어가 누리게 되는 영광과 기쁨을 소망할 수 있다면, 지금 당하는 환난은 더 이상 아무런 문제가 되지 않습니다.

하나님의 영광의 임재가 백성들에게 임하면 어떤 일이 일어나는지 당시 유대의 그리스도인들은 너무도 잘 알고 있었습니다. 과거 하나님의 영광이 임하여 이스라엘 백성과 함께하면 그들은 그야말로 천하무적이었습니다. 이집트에서 나와 가나안 땅을 향해 출발한 지 불과 사흘이 지났을 때 바로의 특별부대가 그들을 뒤쫓아 왔습니다. 앞에는 망망한 홍해바다가 버티고 있었습니다. 그야말로 진퇴양난, 절체절명의 위기였습니다. 하지만 하나님께서는 보란 듯이 당시 세계 최강의 이집트 기마병들을 홍해에 모두 수장시켜 버리셨습니다. 이와 같은 놀라운 구원을 두 눈으로 똑똑히 보고 경험한 이스라엘 백성들은 기쁘게 춤을 추며 노래했습니다.

> "여호와는 나의 힘이요 노래시며 나의 구원이시로다 그는 나의 하나님이시니 내가 그를 찬송할 것이요 내 아버지의 하나님이시니 내가 그를 높이리로다 여호와는 용사시니 여호와는 그의 이름이시로다 그가 바로의 병거와 그의 군대를 바다에 던지시니 최고의 지휘관들이 홍해에 잠겼고 깊은 물이 그들을 덮으니 그들이 돌처럼 깊음 속에 가라앉았도다" 출15:2~5

영광의 하나님 앞에 나아가 그분의 영광에 참여할 일을 소망하니 현재 직면하는 환난이 그들을 넘어지게 할 수 없습니다. 오히려 환난 가운데서 그들은 기뻐하고 즐거워할 수 있습니다. 과연 이보다 더 나은 삶이 어디에 있을까요? 바울 또한 이러한 그리스도인의 모습에 관해 로마서 5장 1절에서 이렇게 설명합니다.

"그러므로 우리가 믿음으로 의롭다 하심을 받았으니 우리 주 예수 그리스도로 말미암아 하나님과 화평을 누리자"롬5:1

언젠가 후배 목사가 혈액암에 걸려 몸속에 생긴 염증들을 제거하는 수술을 받은 적이 있었습니다. 평소에 그 목사의 사모님은 매우 침착하고, 신실했으며, 또한 무엇보다 밝은 분이었습니다. 그래서인지 남편을 병원에 두고 어린 자녀들을 돌보기 위해 집으로 오는 그 힘든 상황에서도 사모님은 "그 크신 하나님의 사랑 말로 다 형용 못하네"라는 찬송을 부르며 이겨내고 있다는 메시지를 받았습니다.

저는 장례식을 치를 때마다 감격합니다. 사랑하는 사람이 죽었는데 노래하며 찬송하는 사람들이 성도입니다. 사랑하는 가족의 죽음 앞에서 어찌 인간적으로 힘들고 슬프지 않겠습니까? 그럼에도 불구하고 그 가운데서도 찬송하면서 절망과 슬픔을 이겨내는 삶, 어디에 이보다 더 나은 삶이 있겠습니까? 행복과 기쁨은 같은 것 같지만, 둘 사이에는 분명한 차이가 있습니다. 곧 행복은 내가 원하는 대로 될 때 느끼는 감정이라면, 기쁨은 고난과 환난 가운데서도 감정에 빠지기보다 내가 기뻐하겠다는 의지의 선택에서 비롯되는 것입니다. 때문에 기쁨은 단순한 감정이 아니라 삶의 태도라 할 수 있습니다.

그러면 무엇이 고난과 환난 속에서도 기쁨을 선택할 수 있게 하는 것일까요? 사실 기쁨의 선택은 아무나 할 수 있는 것이 아닙니다. 그것은 예수 그리스도의 은혜로 말미암아 그분의 영광에 참여할 것이라는 소망을 가진 사람만이 할 수 있는 것입니다. 그렇기 때문에 '더 나은 삶'은 그냥 저절로 오는 것이 아니라 우리의 믿음으로 선택하는 것이라 할 수 있습니다.

하나님의 목적

종종 살아가는 가운데서 예상하지 못했던 어려운 일을 만나게 되면 낙심하고 풀이 죽기 마련입니다. 그리고 한편으로 '왜 하필 나에게 이런 일이 일어났을까?'라며 원망하게 됩니다. 그렇기 때문에 우리는 누구나 환난을 피하고 싶어 하고 문제가 없는 삶을 살기를 원합니다. 그런데 현실은 그렇지 않습니다. 항상 문제가 생깁니다. 그런데도 문제없이 평안히 살기를 원합니까? 그렇다면 공동묘지에 가보십시오. 거기에 죽어 있는 사람들은 아무 말이 없습니다. 그야말로 아무 문제도 없고 늘 조용한 곳입니다.

하지만 살아있는 사람들이 있는 곳은 늘 시끄럽고 문제가 생깁니다. 문제없고 사연 없는 사람은 아무도 없습니다. 그보다 다양한 문제와 고통 가운데서도 하나님의 뜻을 생각하는 사람은 전혀 다른 반응을 보이게 됩니다. 왜냐하면 모든 환난에는 우리를 향하신 하나님의 목적이 있음을 알기 때문입니다. 즉 환난을 통해서 우리로 하여금 하나님의 성품을 닮아가도록 하시려는 것입니다.

'환난'으로 번역된 원어의 문자적 의미는 '압박', '고뇌', '적대감', '고통'입니다. 즉 '환난'이란 크고 작은 일 가운데서 스트레스와 고통을 받는 것이라 할 수 있습니다. 집에 문제가 생기고, 자동차에 문제가 생기고, 건강에 문제가 생기고, 직장에서 교묘하게 따돌림을 당하거나 괴롭힘을 당하는 것이 모두 환난에 속합니다. 직장을 잃고, 배우자와의 관계가 파괴되고, 사랑하는 가족을 잃는 일 같은 것은 정말 견디기 어려운 환난입니다. 그런데 이런 환난 중에서도 기뻐하며 이겨내는 삶이 있습니다. 그렇다면 이보다 더 나은 삶이 어디에 있을까요?

"이는 환난은 인내를, 인내는 연단을, 연단은 소망을 이루는 줄을 알기 때문입니다" 롬5:3~4

'인내'는 끈기 있게 견디는 것을 말하지만, 원어의 문자적 의미는 '밑에 남다'라는 뜻입니다. 즉 인내와 연단은 모두 금은 세공사가 좀 더 순수한 금을 만들기 위해 불을 가하는 과정과 관계가 있습니다. '인내'가 불로 가한 후에 남는 것이라면, '연단'은 '바라보다'라는 뜻의 원어 '도케이δοκή'라는 동사에서 비롯된 것으로, 금은 세공사가 금과 은에 뜨거운 불이 가해지는 것을 지켜보는 과정을 뜻합니다. 특히 '연단'은 전쟁터나 경기에서 끝까지 버텨내어 포기하지 않는 군인이나 운동선수를 가리킬 때도 사용되었습니다. 즉 그 어떤 상황에서도 포기하지 않고 남아 있는 것, 그 어떤 것도 당해낼 수 없는 것을 의미합니다.

한편 여기서 놓치지 말아야 할 것은, 환난 가운데서도 포기하지 않고 끝까지 남아 승리하게 하는 삶의 성품과 태도는 인간 내면의 강인함에서 비롯된 것도 아니고 긍정적이고 적극적인 사고에서 비롯된 것도 아니라는 것입니다. 이와 관련해 바울은 이렇게 말합니다.

"인내는 연단을, 연단은 소망을 이루는 줄 앎이로다 소망이 우리를 부끄럽게 하지 아니함은 우리에게 주신 성령으로 말미암아 하나님의 사랑이 우리 마음에 부은 바 됨이니"롬5:4~5

즉 인내와 연단, 그리고 소망은 성령님에 의해 하나님의 사랑이 우리에게 부어질 때 임하게 되는 하나님의 성품이자 능력이라는 것입니다. 자, 그렇다면 왜 우리는 환난 가운데서도 기뻐할 수 있는 것일까요? 그것은 하나님의 성품과 능력이 환난을 통해 우리의 삶 가운데 반드시 임할 것임을 알고 믿기 때문입니다. 그러므로 우리가 반드시 기억해야 할 것은, 그 어떤 문제이든, 곧 자신이 잘못해서 생긴 문제이든, 다른 사람으로 말미암은 환난이든, 혹은 마귀가 유혹해서든, 궁극적으로 하나님께서 그 문제를 허용하셨다는 점을 놓쳐서는 안 된다는 것입니다. 성도에게는 우연이 있을 수 없습니다. 우리가 당하는 모든 문제 뒤에는 반드시 목적이 있습니다.

> "내 형제들아 너희가 여러 가지 시험을 당하거든 온전히 기쁘게 여기라 이는 너희 믿음의 시련이 인내를 만들어 내는 줄 너희가 앎이라 인내를 온전히 이루라 이는 너희로 온전하고 구비하여 조금도 부족함이 없게 하려 함이라"약1:2~4

혹시 견디기 힘든 환난 중에 있습니까? 그 가운데 하나님의 선하신 목적이 있음을 믿고 그 속에서도 반드시 승리하게 하시는 하나님으로 인해 기뻐하는 삶을 누리시기 바랍니다. 그것이 성도가 향하는 더 나은 삶입니다.

함께하시는 하나님

우리가 환난 중에도 기뻐할 수 있는 이유는 죄인인 우리가 예수님으로 인해 하나님께서 항상 함께하시는 고귀한 신분과 위치가 되었기 때문입니다. 이에 관해 로마서 5장 1절은 이렇게 말합니다.

> "그러므로 우리가 믿음으로 의롭다 하심을 받았으니 우리 주 예

수 그리스도로 말미암아 하나님과 화평을 누리자"롬5:1

예수님을 믿는 성도는 예수님 때문에 하나님의 자녀가 되고, 그럼으로써 하나님께서 함께하시는 은혜를 누립니다. 심지어 예수님께서는 제자들을 친구라고 부르시기까지 하셨습니다.

"이제부터는 너희를 종이라 하지 아니하리니 …… 너희를 친구라 하였노니"요15:15

하나님께서 함께하실 때는 그 누구도 이스라엘 백성들을 건드리지 못했습니다. 잘 아시다시피 출애굽에 앞서 이집트 땅에 열 가지 재앙이 임했습니다. 이집트의 바로와 그 백성들이 그 재앙들로, 곧 나일 강물이 피가 되고, 개구리와 이, 파리가 들끓고, 악질과 질병이 창궐하고, 우박이 쏟아지는 것과 같은 재앙들로 말할 수 없는 고통을 당할 때에도 고센 땅의 이스라엘 백성들은 털끝 하나 상하지 않았습니다. 홍해가 갈라져서 육지가 되고, 마라의 쓴물이 단물이 되고, 먹을 것 하나 없는 광야에서 만나와 메추라기가 떨어져 먹을 수 있었던 이유는 하나님께서 이스라엘 백성들과 함께하셨기 때문입니다.

그럼에도 불구하고 이스라엘 백성들은 시내산에 머물고 있었을 때, 모세가 십계명을 받으러 산에 올라갔다가 더디 내려오자, 그 순간을 인내하지 못하고 금송아지를 만들어 섬겼습니다. 이로 말미암아 하나님의 진노가 그들에게 임하여 삼천 명이 죽는 사건이 일어났습니다. 그 후 하나님께서 그들에게 "여기를 떠나서 …… 네 자손에게 주기로 한 그 땅으로 올라가라"출33:1고 하셨지만, 그들 중 누구도 "네"라고 대답하지 않고 오히려 몸에 지닌 장신구를 다 버리고 울었습니다. 왜 그랬을까요?

"너희를 젖과 꿀이 흐르는 땅에 이르게 하려니와 나는 너희와 함께 올라가지 아니하리니 너희는 목이 곧은 백성인즉 내가 길에서 너희를 진멸할까 염려함이니라 하시니"출33:3

즉 하나님께서 "너희끼리 올라가라, 나는 너희와 함께 올라가지 않겠다."고 말씀하셨기 때문입니다. 하나님께서 함께하시는 이스라엘은 천하무적이지만, 하나님께서 함께하시지 않는 이스라엘은 오합지졸보다 못하다는 것을 그들 스스로도 잘 알았습니다. 그렇습니다. 예수님을 믿는 우리 자신을 자랑스럽게 여겨야 하는 이유는 하나님께서 우리와 함께하시기 때문입니다. 그런데 오늘 우리의 문제는 우리와 함께하시는 하나님에 대한 확신이 없다는 것입니다.

바울과 1세기의 성도들이 극심한 환난 가운데서도 오히려 기뻐하며, 원형경기장에서 사자의 밥이 되면서도 하나님을 찬송하며 기꺼이 순교할 수 있었던 것은, 그들 가운데 하나님께서 함께하심을 믿었기 때문입니다. 하나님께서는 이사야 선지자를 통해 이렇게 말씀하셨습니다.

> "야곱아 너를 창조하신 여호와께서 지금 말씀하시느니라 이스
> 라엘아 너를 지으신 이가 말씀하시느니라 너는 두려워하지 말라
> 내가 너를 구속하였고 내가 너를 지명하여 불렀나니 너는 내 것
> 이라 네가 물 가운데로 지날 때에 내가 너와 함께 할 것이라 강
> 을 건널 때에 물이 너를 침몰하지 못할 것이며 네가 불 가운데로
> 지날 때에 타지도 아니할 것이요 불꽃이 너를 사르지도 못하리
> 니 대저 나는 여호와 네 하나님이요 이스라엘의 거룩한 이요 네
> 구원자임이라 내가 애굽을 너의 속량물로, 구스와 스바를 너를
> 대신하여 주었노라" 사43:1~3

1세기의 성도들은 이사야가 증거한 이와 같은 하나님의 말씀을 신
뢰하였습니다. 그렇기 때문에 그렇게 극심한 환난 가운데서도 '하나
님께서 나와 함께하시는데 내가 무엇 때문에 낙심하고 두려워할 것인
가?'라는 삶의 태도로 살 수 있었습니다. 과연 이보다 더 나은 삶이 있
을 수 있을까요?

『죽음의 수용소에서』라는 책을 쓴 오스트리아 출신의 유대인 빅
터 프랭클Victor Frankle은 아우슈비츠 수용소에서 동료들이 죽어나가는
것을 보면서도 '나는 여기서 살아나가 대학 강단에서 강의를 할 것이
다.'라는 소망을 가졌다고 합니다. 그래서 그는 매일 아침 거울 앞에

서 면도를 하며 배급으로 주는 물 한 컵 중 반만 마시고 반은 아껴놓았다가 얼굴을 씻으며 하루하루를 견뎌냈습니다. 그리고 마침내 그는 그가 소망한 대로 살아남아 교수가 되었습니다.

예수님을 믿는 성도는 하나님의 영광을 바라보고 그분의 영광에 참여할 것을 소망하며, 오늘을 기쁨과 즐거움으로 살아가는 자입니다. 그러므로 매일 아침마다 "나는 예수님을 제대로 만난 그리스도인이다."라는 사실을 기억하십시오. 그리고 하나님의 영광을 볼 그날을 소망하십시오. 그럼으로써 지금 나와 함께 계시는 하나님을 확신하며, 환난 가운데서도 기뻐하는 더 나은 삶을 누리길 바랍니다.

<더 나은 삶을 위한 물음>

1. 행복과 기쁨의 차이가 있다면 무엇일까요?

2. 환란 중에도 인내할 수 있는 근원적인 이유는 무엇입니까?

3. 인내의 의미를 생각해보고, 이를 현재 당신의 상황에 적용한다면 어떻게 적용할 수 있을까요?

11. 쓴물 마시기

출애굽기 15장 22~27절

"22 모세가 홍해에서 이스라엘을 인도하매 그들이 나와서 수르 광야로 들어가서 거기서 사흘길을 걸었으나 물을 얻지 못하고 23 마라에 이르렀더니 그 곳 물이 써서 마시지 못하겠으므로 그 이름을 마라라 하였더라 24 백성이 모세에게 원망하여 이르되 우리가 무엇을 마실까 하매 25 모세가 여호와께 부르짖었더니 여호와께서 그에게 한 나무를 가리키시니 그가 물에 던지니 물이 달게 되었더라 거기서 여호와께서 그들을 위하여 법도와 율례를 정하시고 그들을 시험하실새 26 이르시되 너희가 너희 하나님 나 여호와의 말을 들어 순종하고 내가 보기에 의를 행하며 내 계명에 귀를 기울이며 내 모든 규례를 지키면 내가 애굽 사람에게 내린 모든 질병 중 하나도 너희에게 내리지 아니하리니 나는 너희를 치료하는 여호와임이라 27 그들이 엘림에 이르니 거기에 물 샘 열둘과 종려나무 일흔 그루가 있는지라 거기서 그들이 그 물 곁에 장막을 치니라"

아프리카 시에라리온에서 사역하는 친구 선교사가 현지 사역자 한 사람을 한국에 보내어 몇 개월 동안 훈련을 받게 했습니다. 그 후 그가 아프리카로 돌아와 보고하던 중 "천국에 잠시 살다가 다시 지옥으로 돌아왔다."라고 하더랍니다. 아프리카 사람들은 한국을 천국같이 여기는데 과연 한국에 사는 사람들은 스스로 천국에 있다고 생각할까요? 아니 천국을 누리며 살고 있을까요? 한국이 아니라 이민의 종착역이라고 하는 미국에 살거나, 아니면 세계의 청정지역으로 알려진 뉴질랜드에 산다면 천국의 삶을 누릴 수 있을까요?

우리가 예수님을 믿는다고 해서 행복의 고속도로만 달리게 되는 것은 아닙니다. 이집트의 노예였던 이스라엘 백성이 하나님의 은혜로 자유인이 되고, 하나님께서 함께하시는 자녀 신분이 되었음에도 불구하고 그들에게는 문제가 떠나가질 않았습니다. 홍해 앞에 진을 치고 있을 때는 뒤에서 바로의 군대가 추격해 와 진퇴양난의 상황에 빠졌습니다. 그들의 입에서 원망과 불평이 터져 나왔지만, 곧 하나님의 능력으로 홍해가 마른 땅이 되고 바로의 특별부대가 홍해에 수장되는 것을 보면서 그들은 "여호와는 나의 힘, 나의 노래, 나의 구원이시다."라고 찬양하며 춤을 추었습니다. 그러나 불과 사흘 뒤 마라에 도착해서 마시기 힘든 쓴물을 맛보게 되자 그들은 다시 돌변해 원망과 불평을 쏟아놓습니다.

칼뱅은 구약을 해석할 때 반드시 점진적인 계시로 완성된 신약의 관점으로 보는 것을 잊지 말라고 강조했습니다. 사도 바울 역시 고린도

전서 10장에서 광야에서 일어난 일련의 사건들을 이렇게 해석합니다.

"모세에게 속하여 다 구름과 바다에서 세례를 받고 다 같은 신령
한 음식을 먹으며"고전10:2~3

바울은 홍해사건을 세례로 볼 뿐만 아니라 광야생활을 예수 그리
스도께 속하여 신령한 양식을 함께 먹는 백성의 삶으로 이해합니다.
그런 다음 그는 이어서 이렇게 말합니다.

"그들 가운데 어떤 사람들이 원망하다가 멸망시키는 자에게 멸
망하였나니 너희는 그들과 같이 원망하지 말라 그들에게 일어난
이런 일은 본보기가 되고 또한 말세를 만난 우리를 깨우치기 위
하여 기록되었느니라"고전10:10~11

즉 광야의 이스라엘 백성들은 원망과 불평을 하다가 멸망시키는
자에 의해서 멸망을 당했으니, 고린도교회의 성도들은 그들과 똑같
은 실수를 반복하지 말 것을 경고하는 것입니다. 그렇습니다. 이스라
엘 백성들은 하나님의 백성이라는 신분이었음에도 자신들이 기대하
지 않았던 상황을 만날 때마다 하나님을 원망했고, 결국 그로 말미암
아 멸망했습니다. 우리는 그것을 단순히 과거의 사건이 아니라 오늘
날 우리에게 좋은 본보기가 된다는 사실을 놓치지 말아야 합니다.

인생을 살면서 쓴물의 경험을 해보지 않은 사람은 아무도 없을 것입니다. 더군다나 자신의 능력으로는 그와 같은 쓰디쓴 상황을 회복하기가 불가능하다는 생각이 들 때가 있습니다. 그러나 그때에도 더 나은 삶은 항상 열려있음을 믿어야 합니다. 더 나은 삶은 결코 저절로 오지 않습니다.

정체성 확신

"백성이 모세를 대하여 원망하여 가로되 우리가 무엇을 마실까 하매 모세가 여호와께 부르짖었더니……"출15:24~25

마라의 쓴물을 맛보았을 때 백성들은 원망하지만, 동일한 상황에서 모세는 하나님께 기도합니다. 백성들과 사뭇 다른 반응입니다. 지도자 모세라고 해서 홍해를 건너 수르 광야를 지날 때 혼자만 에어컨 빵빵한 고급 승용차나 자가용 헬리콥터를 타고 온 것이 아닙니다. 그 역시 백성들과 함께 뜨거운 폭양 속을 걸어왔습니다. 모세라고 해서 목마른데 물을 마시지 않아도 괜찮은 것이 아닙니다. 더구나 지도자로서 백성들의 원망까지 한 몸에 받아야 하는 최악의 상황에서도 그는 하나님께 기도했습니다.

천국을 누리느냐 아니면 지옥을 만드느냐 하는 것은 자신 앞에 벌어진 상황에 대해 어떻게 반응하느냐에 달려 있는 것입니다. 제럴드 싯처Gerald L. Sittser는 가족들과 함께 인디언들과 교제를 나누고 밤늦게 귀가하던 길에 맞은편에서 과속으로 달려오던 차와 정면으로 충돌하여 아내와 딸, 장모를 현장에서 잃었습니다. 그는 말로 할 수 없는 고통 가운데 빠져 있다가 겨우 이겨내고 회복된 후 『하나님 앞에서 울다』라는 책을 썼습니다. 거기서 그는 이렇게 말합니다.

당연히 누려야 할 것, 함께 있어야 하는 존재를 상실할 때가 있다. 하지만 그 상실이 필연적으로 우리 삶을 주장하는 결정적인 요소가 되지는 않는다. 보다 결정적인 것이 있다면 그것은 그 상실에 대해 우리가 보이는 반응이다.

극도로 목이 마른 상황에서 마실 물조차 없는 것 때문에 백성들은 불평하는데, 어떻게 모세는 기도로 반응할 수 있었을까요? 무엇이 그들 사이에 이런 차이를 낳았을까요? 그것은 자신이 누구인지, 곧 자신의 신분과 정체성을 어떻게 인식했는지의 차이에서 비롯됩니다.

모세는 이집트의 궁정에서 자랐지만 어머니 요게벳으로부터 자신이 히브리 민족이요 하나님의 백성이라는 사실을 알게 되었습니다. 그리고서 그는 이집트의 왕자로서 화려하게 살 수 있는 삶을 거절하고 하나님의 백성과 함께하다가 도망자 신세가 되었고, 나이 80세에 시내산에서 하나님을 개인적이고 인격적으로 만나는 경험을 했습니다. 하나님께서는 그를 불러 "이집트에서 신음하며 고생하는 내 백성을 이곳에 와서 예배하게 하라."고 했습니다. 하지만 이러한 부르심 앞에 모세는 "내가 누구인데 그런 일을 할 수 있습니까? 난 갈 수 없습니다."라고 몇 번을 거절합니다. 하지만 결국 자기를 부르신 하나님 앞에 무릎을 꿇고 순종합니다.

이후 모세는 이집트와 바로를 상대로 열 가지 재앙을 내리시는 하나님, 홍해라는 난관에서 놀라운 능력으로 그분의 백성을 구원하시는 하나님을 경험했고, 그 하나님께서 바로 자신의 하나님이심을 확신했습니다. 또한 자신은 하나님께서 택하신 백성이요, 하나님의 나라와 그 의를 위해 사는 자임을 분명하게 인식했습니다. 그렇기 때문에 그는 쓴물이라는 힘들고 어려운 상황에서도 백성들과 같이 원망하지 않고 오히려 하나님께 기도로 나아갈 수 있었던 것입니다.

그렇다면 이스라엘 백성들은 이런 경험이 없었기 때문에 불평하고 원망했던 것일까요? 아닙니다. 그들 역시 모세처럼 하나님께서 열 가지 재앙으로 일하시는 것을 똑똑히 보았고, 구름기둥과 불기둥으로 그들을 인도하시고 홍해의 기적으로 그들을 구원하시는 것을 온 몸으로 체험했습니다. 그런데도 왜 이토록 다르게 반응했던 것일까요? 그것은 그들이 자유인이자 하나님의 백성이라는 그들의 신분과 정체에 관해 분명하게 인식하지도 못했고 확신도 가지지 못했기 때문입니다.

미국의 탈봇신학교Talbot Seminary 교수였던 닐 앤더슨Neil anderson은 "성도가 자신이 누구인지를 아는 것은 하나님을 아는 것 다음으로 중요하다."라고 말했습니다. 즉 예수님이 누구신지를 아는 것이 가장 중요하고, 그 다음에는 예수님 안에 있는 내가 누구인지를 아는 지식이 중요하다는 것입니다. 앤더슨은 많은 사람과 상담하는 중에 예수님 안에 있는 자신이 누구인지를 몰라서 성도의 삶이 망가지고, 우울증 같은 정신질환에 걸리고, 심지어 귀신까지 들리는 사람들이 많다는 것을 알았습니다. 그래서 그는 교수직을 그만두고 그런 사람들을 돕는 사역을 하기 시작했습니다. 성경에서 약속하신 성도의 신분과 정체성을 잘 알지 못해서 세상에 속고 악한 영에 속아 불행하게 사는 성도들이 너무 안타까웠기 때문입니다.

성도가 누구입니까? 사도 바울은 에베소서 1장에서 성도는 창세전에 하나님께로부터 택함을 입은 가치 있는 존재요, 예수님께서 그 한 사람을 위해 생명까지 내어놓으실 만큼 존귀한 존재요, 성령님께서 함께하셔서 예수님을 믿고 신비한 지식과 능력을 갖게 되어 세상 그 누구도 감당하지 못하는 존재라고 역설합니다.

출애굽 전에는 바로의 말을 듣고 살 수밖에 없었던 이스라엘 백성들처럼, 예수님을 믿기 전의 우리는 모두 죄의 종으로 살아야 했습니다. 그러나 예수님을 믿으면 새로운 생명과 능력이 임하여 아담이 타락하기 전 하나님께서 인간에게 주신 생명헬라어로 '조에'이 회복됩니다. 뿐만 아니라 하나님의 자녀가 되어 영생을 소유한 존재가 됩니다. 따라서 이와 같은 성도의 신분과 정체를 확신하는 사람은 어떤 상황에서도 하나님께서 통치하고 다스리심을 믿고 반응합니다.

그러나 이미 자유인이요 하나님 백성의 길을 걸으면서도 현실의 상황에 더 민감하여 정작 자신이 누구인지를 제대로 인식하지 못하는 사람은 상황 앞에서 엉뚱한 행동을 할 수밖에 없습니다. 이는 마치 평상시에는 아주 품위 있는 신사인데 예비군 훈련 장소에 가면 아무 데나 용변보고 딴 사람처럼 행동하는 것과도 같습니다.

자신을 개라고 생각한 남자가 있었습니다. 정체성에 혼란이 온 것이지요. 자신을 개라고 인식하니 시판용 개밥을 사와서 먹습니다. 말을 할 때도 개 짖는 소리를 합니다. 결국 그는 정신과에 갔습니다. 의사가 그에게 묻습니다. "선생님은 언제부터 자신을 개라고 생각했습니까?" 남자는 1초의 망설임도 없이 대답합니다. "강아지 때부터입니다."

유머이긴 하지만 정체성의 혼란에 빠져 엉뚱한 삶을 사는 사람들에게 들려주는 메시지이기도 합니다. 아무리 상황이 어려워도 '나는 아버지고, 나는 엄마다'라고 인식하는 사람은 결코 바람을 피우지 않습니다. 마찬가지로 '나는 새 생명이 있는 성도다'라고 인식하는 사람은 죄의 유혹 앞에서도 잘 넘어지지 않고, 설사 넘어졌다 하더라도 반드시 다시 일어납니다. 그러나 '예수님을 믿어도 별 수 없어! 사람이 다 그런 거지 뭐.'라고 생각하기 시작하면, 성도로서의 정체성이 무너지고 혼란이 생겨 정말 납득되지 않는 엉뚱한 행동을 하게 됩니다. 왜 그럴까요? 멸망시키는 자에게 멸망당했기 때문입니다.

이스라엘 백성은 비록 어제는 이집트의 종이요 바로의 노예로서 하나님을 대적하는 자들의 말을 듣고 살았지만, 이제는 자유인이요 하나님의 백성으로서 그분의 말씀에 순종하며 사는 자들입니다. 그렇습니다. 자유인이면 자유인답게 살아야 합니다. 자신의 마음에 들지 않는 쓴물을 만난 상황에서 불평하고 원망하는 것은 자유인이 아닌 노예의 근성입니다.

예수님을 믿음으로 하나님의 자녀가 되고 자유를 얻은 백성은 결코 자신이 원하는 것에만 집중하지 않습니다. 자신이 원하는 것을 상실하고 모든 것이 날아간 상황에서도 그는 하나님의 뜻을 묻고, 생각하고, 행동합니다. 모세가 백성들과 달리 하나님의 통치를 믿으며, 부르짖고 기도했던 이유가 바로 여기에 있습니다.

당신 앞에 있는 마라의 쓴물은 무엇입니까? 당신이 감당하기 힘든 쓴 사람은 누구입니까? 정말 참을 수 없어서 토해내고 싶은 일은 무엇입니까? 당신은 그런 상황에서 지옥을 경험하시겠습니까? 아니면 천국 백성의 삶을 누리시겠습니까? 이미 자신에게 임한 영생, 하나님의 나라를 누리는 회복을 경험하려면 다음과 같은 말씀을 기억하십시오.

"모세가 여호와께 부르짖었더니 여호와께서 그에게 한 나무를 가리키시니 그가 물에 던지니 물이 달게 되었더라"출15:25a

자신 앞에 쓴물의 상황을 만나도 살아계신 하나님을 바라보며 부르짖을 때, 회복의 길을 경험하는 하나님의 백성이 되기를 축복합니다.

삶의 패턴 달리하기

모세는 자유를 얻은 새로운 삶의 양식으로 살았다면, 이스라엘 백성은 아직도 이집트 노예의 삶의 양식과 별반 다를 바 없이 살았습니다. 그리고 이는 마라의 쓴물을 맞닥뜨린 상황에서 여지없이 드러났습니다. 평소에는 드러나지 않다가도 예기치 않은 어렵고 힘든 상황을 만나게 되면, 이집트의 노예근성이 드러나 원망하고 불평하는 것입니다. 자신들이 자유인이 된 하나님의 백성이라는 사실에 확신을 가지지 못하기 때문입니다.

반면 모세는 쓴물에다 백성들의 원망까지 더해진 최악의 상황에서도 하나님께 부르짖었습니다. 사도 바울은 고린도교회에 보내는 서신에서 구약의 이 사건을 이렇게 해석했습니다.

"그들 가운데 어떤 사람들이 원망하다가 멸망시키는 자에게 멸망하였나니 너희는 그들과 같이 원망하지 말라 그들에게 일어난 이런 일은 본보기가 되고 또한 말세를 만난 우리를 깨우치기 위하여 기록되었느니라" 고전10:10~11

이스라엘 백성들 중 일부가 원망하다가 멸망당했다는 것입니다. 즉 그들의 마음이 악한 영의 유혹을 받아 원망과 접속한 결과 사정없이 멸망의 길로 치닫게 된 것입니다. 그러므로 우리는 어떤 상황이나 사건에 맞닥뜨리게 되더라도 항상 생각을 잘해야 합니다. 그래야 멸망시키는 자의 유혹에 빠지지 않을 수 있습니다. 이런 의미에서 우리마음과 생각은 치열한 영적전쟁터임을 잊어서는 안 됩니다.

바르게 생각하기

생각을 잘하기 위해서는 데이빗 씨맨즈David A. Seamands의 말에 귀를 기울여야 합니다. 데이빗 씨맨즈는 사람이 자기를 인식하고 생각하게 하는 네 가지 요소가 있다고 합니다.

첫째 요소는 외부세계입니다. 사람은 출생부터 시작하여 부모와 형제, 친구, 교사로부터 어떤 말을 듣고 어떤 취급을 받느냐에 따라 자신을 생각한다고 합니다.

둘째 요소는 자신의 내부세계입니다. 똑같은 부모 아래 성장하더라도 기질적으로 어떤 사람은 내성적이고 소극적, 수동적이라면, 어떤 사람은 외향적이고 적극적, 능동적입니다. 사람들은 이런 내적인 성향에 따라 다르게 생각합니다.

셋째 요소는 악한 영의 영향입니다. 사람은 사탄이 주는 부정적인 생각으로 자신을 규정짓는 요인이 아주 큽니다. 우리가 아는 바대로 사탄은 원래 거짓말쟁이입니다. 그는 우리에게 거짓 생각을 하도록 유혹합니다. 예를 들어, "넌 그 정도 밖에 안 돼. 아무리 해도 안 돼."

같은 것들입니다. 성경도 사탄은 우리의 마음을 혼미케 하는 자고후4:4
라고 했습니다. 사탄은 어려운 상황에서 성도들로 하여금 더욱 부정
적으로 생각하도록 유혹하여 삶 전체를 뒤흔들어 놓습니다.

넷째 요소는 하나님과 그분의 말씀입니다. 곧 나 같은 죄인을 위해
예수님의 생명까지 내어주신 하나님을 생각하고, 또 그 하나님께서
내게 약속하신 말씀을 기억함으로써 우리 자신의 과거와 현재, 미래
를 해석하는 것입니다. 따라서 일이 꼬이고 어려운 상황에 직면할 때
에도 그것을 하나님의 말씀으로 해석하여 하나님의 섭리와 은혜를 깨
달으며, 나아가 가장 선한 것으로 인도하실 하나님만을 주목하는 것
입니다.

죄와 세상으로부터 자유를 얻은 하나님의 백성은 하나님의 말씀이
생각의 기준이 되어야 합니다. 자신의 과거도, 자신의 내면적인 성향
도 기준이 되어서는 안 됩니다. 더군다나 사탄이 넣어주는 의심과 부
정적인 말에 따라 생각해서는 더욱 안 됩니다. 그보다 하나님께서 하
신 말씀, 약속의 말씀을 듣고 생각하는 습관이 우리의 삶에서 절대적
으로 확립되어야 합니다. 분명히 기억하십시오. 자신의 과거의 부정
적인 경험과 사탄이 말하는 부정적인 말을 듣고 생각하느냐 아니면
하나님의 말씀을 듣고 생각하느냐에 따라 지금의 상황에서 천국을 누
릴 수도, 지옥을 만들 수도 있습니다.

하나님께서는 아담과 하와에게 "선악을 알게 하는 나무는 먹지 말
라. 먹는 날에는 반드시 죽으리라."라고 말씀하셨습니다. 그런데 거짓

말쟁이 사탄은 "너희가 그것을 먹는 날에는 너희 눈이 밝아져 하나님과 같이 될 것이다."라고 부추겼습니다. 아담과 하와는 사탄의 거짓말을 들었고, 그 거짓말에 따라 생각하니 의심하게 되었고, 결국 하나님을 원망하는 마음으로 교만해져서 죄를 범한 것입니다. 그리고 그 결과로 온 인류에게 고통이 온 것입니다.

마라의 쓴물과 같은 상황에서 사탄은 똑같이 이스라엘 백성들을 유혹했을 것입니다.

"너희는 이스라엘 백성이잖아! 선하신 하나님께서 어떻게 너희를 이렇게 취급하실 수 있어! 어떻게 너희에게 이런 일이 일어날 수가 있어? 하나님을 믿지도 않는 이집트 사람들은 좋은 옷 입고, 좋은 음식 먹고 잘살고 있는데 이 광야에서 쓴물이라니? 이건 아니지……"

사탄의 유혹에 따라 이스라엘 백성들이 이런 생각을 하게 되니 하나님을 원망하게 되었고, 그 원망이 계속되다보니 결국 멸망시키는 자에게 멸망당한 것입니다. 그래서 바울은 고린도교회 성도들에게 "그러니 너희도 조심하라! 경계하라!"고 호소한 것이며, 찰스 스펄전 Charles H. Spurgeon 역시 "무엇보다도 자기 자신을 경계하라. 우린 자기 속에 최악의 적을 품고 다닌다."라고 말했던 것입니다.

우리는 흔히 자신의 작은 실수에 마음이 흔들리곤 합니다. "이 한심한 인간 또 이렇다니." 그러면서 자신을 나무랍니다. "넌 안 돼, 아무리 노력해도 넌 어쩔 수 없어." 또한 우리는 모두 연약한 존재입니다. 그래서 쉽게 자신을 비웃곤 합니다. "너는 하나님께도, 사람에게도 아무

쓸모가 없어." 이런 생각들은 예수님을 믿는다고 저절로 없어지는 것이 아닙니다. 마음은 우리의 가장 치열한 전쟁터이기 때문입니다.

그러므로 우리는 이런 말들보다, 자신이 들어야 할 말을 듣고, 자신이 생각할 것을 생각하기를 선택해야만 합니다. 이에 관해 토마스 왓슨은 "우리가 천국을 잃은 것은 귀를 통해서다. 우리의 첫 부모가 귀로 뱀의 말을 들었기 때문이다. 우리가 천국을 가는 것도 귀를 통해서다. 귀로 말씀을 듣고 천국에 간다."라고 말했습니다.

부정적인 생각은 꼬리에 꼬리를 물고 계속됩니다. 그래서 밤잠을 설치게 되고, 더 심화되면 우울증 증세로 나타날 수도 있습니다. 잘못된 생각과 잘못된 자기인식은 저절로 없어지지 않습니다. 이것은 하나님께서 해결해주시는 것이 아닙니다. 하나님께서는 이미 해결해주셨기 때문입니다.

하나님께서는 이스라엘 백성들로 하여금 이집트에서 나와서 약속의 땅을 걷게 하셨습니다. 그 걸음을 불기둥과 구름 기둥으로 인도하셨습니다. 하나님의 통치와 그분의 인도하심이 이미 이스라엘 백성들에게 있었고, 또한 지금 우리에게도 있습니다. 그러므로 이제 우리가해야 할 일은 바른 생각을 하도록 훈련을 습관화하는 것입니다. 우리가 말씀을 읽고, 암송하고, 큐티를 하고, 묵상해야 할 절대적인 이유가바로 여기에 있습니다. 말씀대로 생각하고 적용할 때 광야가 축복으로 바뀔 것입니다.

바르게 해석하기

생각은 내 앞에 이미 벌어진 사건과 상황에 대한 해석을 낳습니다. 해석을 잘못하면 스스로 삶을 지옥으로 만들어 갑니다. 마라의 쓴물은 이스라엘 백성들이 그곳에 도착하기 전에 이미 있었습니다. 모세와 백성들의 의지와 관계없이 이미 존재해 있었던 것이지요. 그렇다면 자신이 알지 못하는 하나님의 섭리가 따로 있을 것이라고 해석해야 합니다. 그런데 자신 앞에 있는 마라의 쓴물에 대해 의심하고 회의적인 사고를 하게 되면 그때부터 인생 전체를 잘못된 시각으로 보게됩니다.

'왜 하필이면 이런 집안에 태어났을까?' '왜 하필이면 장남으로 태어났을까?' '왜 부모님은 항상 동생만, 또는 형만 먼저 생각하고 챙겨줄까?' '왜 같은 부모님에게서 태어났는데 언니는, 또는 동생은 저렇게 예쁘고 나는 안 예쁠까?' 하면서 서로 비교하고 원망하며 불평합니다. 서로 좋아서 결혼했는데 막상 살아보니 배우자가 마음에 안 들면, 학교 다닐 때 자신보다 공부도 못했는데도 좋은 남편이나 아내를 만나 잘 사는 친구가 미워집니다. 그러면서 급기야 '왜 하나님께서는 내 인생을 이렇게 구질하게 만드셨을까, 왜 나를 못살게 구실까?'라며 원망합니다. 자기가 선택해놓고 하나님께 불평합니다.

이렇듯 남자와 여자 같은 자신의 성별부터 키와 외모, 가정환경 등모든 것이 원망의 대상이 될 수 있습니다. 그러나 잘 생각해 보십시오.

이미 내게 주어진 환경과 사건에 대해서, 또는 나의 의지와 상관없이 주어진 것들, 그래서 나의 힘으로 바꿀 수 없는 것들에 대해서는 불평하면 할수록 짜증만 더 날 뿐입니다. 우리가 어찌할 수 있는 것들이 아니기 때문입니다.

제 이름은 남우택입니다. 원래 이름은 정우였는데 우택으로 바뀌었습니다. 저희 집안은 불교와 무속신앙이 섞인 집안이었습니다. 저희 형님이 고등학생 때 예수님을 믿었는데 그때 저도 형님을 따라 예수님을 믿다가 집에서 쫓겨나고 매도 많이 맞았습니다. 하지만 하나님의 은혜로 지금은 저희 가정 모두가 예수님을 믿게 되었습니다. 원래 저희 형님은 절에서 불공을 드려 낳은 아들이라 불교적 의미와 함께 귀한 아들이니 오래 살라고 이름을 남칠룡이라고 지었습니다. 그러다 후에 기독교로 개종하면서 이름을 남우영으로 바꾸었는데, 그 바람에 어느 날 저의 이름도 남정우에서 남우택으로 바뀌었습니다.

저는 이름 때문에 속상한 일이 많았습니다. 전도사 시절에는 제가 담당하는 학생들이 저를 '나무때기 전도사님'이라고 부르며 장난을 쳤습니다. 학교에서는 친구들이 한 술 더 떠서 억센 부산 사투리로 '나무때기 까불면 부서버린다'라고 놀렸습니다. 하지만 저를 정말로 당황하게 한 것은 결혼 전에 장모님께 인사드리러 갔을 때였습니다. 제가 장모님께 큰 절을 하고 일어서면서 "남우택입니다."라고 했더니, 저희 장모님께서 재차 물으시면서 "뭐라카노? 나무때기라카나?" 라고 하시는 것이었죠. 이래저래 저는 이름 때문에 기죽는 일이 많았습니다.

그런데 한 번은 인도네시아에서 선교사역을 하시는 선배 목사님이 저희 교회에 방문하여 설교한 적이 있었습니다. 그분이 강단에 서자마자 주보를 들고 "담임목사 이름, 남우택" 하시는데, 저는 고개를 푹 숙이고 '오늘 또 씹히는구나!'라고 생각했습니다. 그런데 "우택 남, '우', 우리가, '택', 택한, '남', '남목사', 우리가 택한 남자 남목사!"라고 하시는 게 아닙니까. 그날 이후 제 이름에 대한 콤플렉스가 없어졌습니다.

이미 내게 주어진 것은 이렇게 해석하는 것입니다. 당신을 기죽게 하는 것이 이름이든, 신체든, 가정환경이든, 그것이 무엇이든 간에 이미 결정된 것이라면, 그것 때문에 원망하거나 불평하기보다 자유를 얻은 성도로서 하나님의 섭리로 해석한다면 마라의 쓴물이라도 능히 이길 수 있습니다.

바르게 말하기

마라의 쓴물 앞에서 이스라엘 백성들은 원망이란 언어를 낳은 반면, 모세는 하나님께 부르짖는 기도의 언어를 낳았습니다. 이렇듯 우리의 언어가 우리의 성품을 드러내고, 우리의 신분과 정체를 드러냅니다. 우리가 우리 앞에 놓인 환경과 상황들을 바르게 잘 해석하고, 그에 따라 바른 말을 하는 습관을 길러야 하는 이유가 무엇일까요?

"거기서 여호와께서 그들을 위하여 법도와 율례를 정하시고 그
들을 시험하실새"출15:25b

성경은 여기서 왜 "시험"이라고 표현했을까요? 마라의 쓴물이라
는 상황에는 우리가 알지 못하는 하나님의 의도가 있기 때문입니다.
그러므로 우리는 무엇에든 결코 단세포적으로 반응하거나 함부로 말
하지 말아야 합니다. 우리를 당황하게 하는 갈등이나 고통, 위기는 그
것이 무엇이든 우리를 위한 하나님의 시험일 수 있습니다. 그리고 시
험은 떨어뜨리는 데 목적이 있는 것이 아니라 더 나은 실력을 기르도
록 하기 위함입니다.

그러므로 우리 앞에 놓인 쓴물이 무엇이든지 간에 그것에 대해 우
리가 어떤 언어를 사용해야 하는지를 생각하고 그에 따라 말해야 합
니다. 말은 단순히 의사전달의 수단만이 아니라 자신의 인격과 영적
상태를 드러내기 것이기 때문입니다.

홍해 앞에서 백성들은 "이집트에 매장지가 없어서 우리를 여기 수
장시키려 하느냐? 이집트로 다시 돌아가자!"라며 아주 고약한 언어를
사용했습니다. 하나님의 계획과 목적에 완전히 반대되는, 아니 저항
하는 불신앙의 언어를 사용한 것입니다. 그런 언어는 자신들만이 아
니라 다른 사람들의 기운까지 모두 잃게 하는 언어입니다. 그러나 그

들과 달리 모세는 이렇게 말했습니다.

> "너희는 두려워하지 말고 가만히 서서 여호와께서 오늘 너희를
> 위하여 행하시는 구원을 보라……"출14:13

출애굽 제1세대가 여호수아와 갈렙을 제외하고 모두 광야에서 죽게 된 이유는 결국 주어진 상황에 대해 해석을 잘못하고 말을 잘못했기 때문입니다. 그들은 광야생활 내내 불평만 했습니다. 급기야 가데스바네아에서 가나안 땅을 눈앞에 두고서는 "우리는 그 땅을 차지할 수 없다. 그들은 우리보다 크다. 우리는 그들 앞에 메뚜기와 같다."라고 말했습니다. 이에 하나님께서는 그들을 향해 다음과 같은 말씀을 하셨습니다.

> "그들에게 이르기를 여호와의 말씀에 내 삶을 두고 맹세하노라
> 너희 말이 내 귀에 들린 대로 내가 너희에게 행하리니"민14:28

즉 그들이 입으로 말한 대로 하나님께서 현실이 되게 하시겠다고 말씀하시는 것입니다. 무서운 말씀이 아닐 수 없습니다. 결국 이스라엘 백성들은 그들 스스로 말한 그대로 메뚜기가 되어 광야에서 죽임을 당했습니다. 그러나 오직 여호수아와 갈렙만은 "아니요, 하나님께서 우리와 함께하시면 능히 이길 수 있습니다. 그들은 우리의 밥입니

다!"라고 말했기 때문에, 그 말대로 그들은 가나안 땅을 밟고 정복했습니다.

우리는 지금 어떤 언어를 사용하고 있습니까? 우리는 이미 악한 이집트의 바로, 악한 마귀로부터 자유함을 얻고 회복된 존재입니다. 그러므로 자신을 새로운 삶의 양식으로 사는 존재로 확신하고, 그 안에서 마라의 쓴물을 만나도 원망의 언어가 아니라 기도의 언어로 하늘의 길을 여는 백성으로 살기를 바랍니다.

보이지 않는 엘림

하나님의 백성에게는 더 나은 미래가 반드시 온다는 사실을 잊어서는 안 됩니다. 하나님께서 살아계셔서 세계를 통치하시기 때문이요, 또한 그분께서 자기백성을 인도하시기 때문이요, 잠시 후면 완벽한 오아시스인 새 하늘과 새 땅으로 인도하시기 때문입니다.

"그들이 엘림에 이르니 거기에 물 샘 열둘과 종려나무 일흔 그루가 있는지라 거기서 그들이 그 물 곁에 장막을 치니라" 출15:27

엘림은 마라에서 불과 약 10㎞정도 떨어진 곳입니다. 그곳은 큰 종려나무가 있고, 샘이 있는 오아시스입니다. 물이 있고 쉴 그늘이 있어서 지친 몸과 마음이 휴식을 취할 수 있는 쉼터입니다. 만약 이스라엘 백성들이 이러한 엘림을 미리 알았다면, 마라에서 원망하지 않고 참고 인내할 수 있었을 것입니다. 하나님께서는 마라의 쓴물에서 이미 엘림의 단물을 갖고 계셨던 것입니다. 다만 이스라엘 백성들에게 엘림을 미리 보여주시지 않았을 뿐입니다.

이처럼 자신의 필요를 채울 수 없는 마라의 쓴물과 같은 상황에서는 그 뒤에 있는 엘림이 보이지 않을 수 있습니다. 오직 눈앞에 있는 쓴물, 목마름, 고통, 아픔, 상실감, 문제만 보일 뿐입니다. 그래서 서로 원망하며 싸우게 됩니다. "난 이제 당신하고 더 이상 못 살겠다. 내가 사람 잘못 봤어! 당신 이제 지긋지긋해, 난 이제 남편 안해. 아내 안해. 난 이제 아빠 안하고, 엄마 안해. 내 인생 너 때문에 망쳤어."라면서 말입니다.

하지만 이렇게 할 말 안할 말 다하는 우리를 보고 미소를 짓는 존재가 있습니다. 바로 사탄입니다. 사탄은 이런 우리를 보면서 "너는 결코 자유인으로 살 수 없어, 너는 나의 종이야."라며 비웃고 있을 것입니다.

당신은 지금 견디기 힘든 마라의 쓴물과 같은 현장에 있습니까? 그래서 엘림이 보이지 않습니꺼? 그러나 엘림은 반드시 있습니다. 마라에서 조금만 인내하십시오. 그것이 한 달일 수도 있고, 일 년일 수도 있고, 아니면 5년일 수도 있습니다. 그러나 분명한 것은 엘림은 반드시 존재한다는 것입니다. 하나님께서는 언제나 우리에게 가장 좋은 것을 준비해놓고 기다리십니다. 더 나은 미래는 아직 내게 오지 않았다는 것을 믿는 사람은 마라의 쓴물에서도 인내하며 엘림을 향해 나아갑니다.

그러므로 하나님의 인도하심을 믿고 하나님의 뜻을 따라 가다가 쓴물을 만날지라도 그것에 원망하고 불평하면서 거부하기보다 그 쓴물을 받아들이는 연습을 하십시오. 곧 그 쓴물이 단물로 바뀔 뿐만 아니라 그 뒤에 엘림이 기다리고 있기 때문입니다. 하나님께서는 우리에게 무엇이 최고인지 아십니다. 그러므로 설령 그것이 우리의 기대와 다를 때라도 수용하십시오. 그리고 하나님의 약속을 다시 쳐다보십시오.

> "이르시되 너희가 너희 하나님 나 여호와의 말을 들어 순종하고
> 내가 보기에 의를 행하며 내 계명에 귀를 기울이며 내 모든 규례
> 를 지키면 내가 애굽 사람에게 내린 모든 질병 중 하나도 너희에
> 게 내리지 아니하리니 나는 너희를 치료하는 여호와임이라"출15:26

이제라도 늦지 않습니다. 과거에 원망과 불평으로 지금 자신의 인생이 더 쓴 마라가 되었다 하더라도, 여전히 우리는 모세가 경험한 그 나라, 그리고 바울이 누린 그 나라 안에 있음을 믿으십시오. 그러면 곧 주님께서 쓴물을 단물로 바뀌게 하시는 역사를 누리게 될 것입니다. 그와 같은 삶이야말로 더 나은 삶입니다.

<더 나은 삶을 위한 물음>

1. 쓴물의 상황과 정체성 사이에는 어떤 관계가 있습니까?

2. 그리스도인의 삶의 스타일이 쓴물의 상황에 미치는 영향은 무엇일까요?

3. 내가 바꿀 수 없는 쓴물의 현실에서 기억해야 할 '엘림'은 무엇입니까?

12. 자신을 헌신하기

마가복음 14장 1-9절

"1 이틀이 지나면 유월절과 무교절이라 대제사장들과 서기관들이 예수를 흉계로 잡아 죽일 방도를 구하며 2 이르되 민란이 날까 하노니 명절에는 하지 말자 하더라 3 예수께서 베다니 나병환자 시몬의 집에서 식사하실 때에 한 여자가 매우 값진 향유 곧 순전한 나드 한 옥합을 가지고 와서 그 옥합을 깨뜨려 예수의 머리에 부으니 4 어떤 사람들이 화를 내어 서로 말하되 어찌하여 이 향유를 허비하는가 5 이 향유를 삼백 데나리온 이상에 팔아 가난한 자들에게 줄 수 있었겠도다 하며 그 여자를 책망하는지라 6 예수께서 이르시되 가만 두라 너희가 어찌하여 그를 괴롭게 하느냐 그가 내게 좋은 일을 하였느니라 7 가난한 자들은 항상 너희와 함께 있으니 아무 때라도 원하는 대로 도울 수 있거니와 나는 너희와 항상 함께 있지 아니하리라 8 그는 힘을 다하여 내 몸에 향유를 부어 내 장례를 미리 준비하였느니라 9 내가 진실로 너희에게 이르노니 온 천하에 어디서든지 복음이 전파되는 곳에는 이 여자가 행한 일도 말하여 그를 기억하리라 하시니라"

예수님께서 하늘 보좌를 버리시고 인간의 몸으로 오신 것 자체가 헌신입니다. 더군다나 그분께서는 타락한 인간들에게 하나님 나라를 가르치고 전파하시고, 몸과 마음이 아픈 사람들을 치유하며 봉사하셨습니다. 그리고 우리를 성도로 부르셨습니다. 이는 타락한 세상에서 사람들을 섬기신 예수님을 따르도록 하기 위함이었습니다. 그러므로 오늘날 교회, 즉 성도들이 이를 위해 헌신할 때 참된 보람과 기쁨을 얻게 되는 것입니다. 이보다 더 나은 삶이 어디에 있을까요?

오늘날 많은 사람들이 왜 기쁨을 누리지 못하고 불행을 느끼는 것일까요? 그것은 하나님과 사람을 섬기는 기쁨이 얼마나 큰지를 모르기 때문입니다. 설령 섬기더라도 자신의 행복을 위해서 섬기기 때문입니다. 앞에서 말했듯이, 교회와 성도는 섬김을 위해 존재합니다. 예수님께서 이를 위해 부르셨기 때문입니다. 따라서 교회와 성도에게 섬김이 없다면, 그것은 그만큼 미성숙하거나 허약하다는 증거입니다. 성도의 섬김은 나이와 상관이 없습니다. 나이가 어떻든 예수님을 만나서 그분을 믿고 사는 것이 이 땅에서 누릴 최고의 삶임을 아는 사람은 헌신할 수밖에 없습니다. 헌신이야말로 더 나은 삶의 열매이기 때문입니다.

전적인 헌신

"……한 여자가 매우 값진 향유 곧 순전한 나드 한 옥합을 가지
고 와서 그 옥합을 깨뜨려 예수의 머리에 부으니" 막14:3

나드 향유는 동인도의 식물에서 즙을 내어 만든 매우 향기로운 기
름입니다. 당시 사회에서 그것은 노동자 1년 치 연봉에 해당할 정도로
비싸고 귀한 것이었습니다. 여인은 이 값진 향유를 예수님의 머리에
부었습니다. 그러자 이런 낭비가 어디 있느냐며 제자들이 호되게 비
난했습니다. 하지만 예수님께서는 이렇게 말씀하셨습니다.

"그는 힘을 다하여 내 몸에 향유를 부어 내 장례를 미리 준비하
였느니라" 막14:8

여인은 자신이 할 수 있는 최선의 것으로 전적으로 헌신한 것이었
고, 예수님께서는 그것이 그분의 장례를 위한 것이라고 말씀하시는
것입니다. 여기서 예수님께서는 우리가 헌신할 때, 어떻게 헌신하며,
또 무엇을 위해 헌신해야 하는지를 분명히 말씀하십니다. 즉 헌신은
전적으로 해야 하는 것이며, 또한 그것은 주님을 위한 것이어야 합니
다. 그렇지 않고 일부분만 하는 헌신이나, 나를 위한 헌신 또는 어떤
사람을 위한 헌신은 참된 헌신이 되기 어렵습니다.

미국의 찰스 스탠리Charles Stanley 목사는 우리 삶의 고통과 불행은 대부분 우리가 전적으로 헌신하기로 약속해놓고 부분적으로만 헌신하거나 자신을 위해 헌신하기 때문이라고 말했습니다. 그의 말을 들어봅시다.

결혼할 때 "죽음이 우리를 갈라놓을 때까지 평생 함께 살 것을 약속합니다."라고 했는데, 왜 결혼생활에 위기가 오고, 절반 이상의 가정이 이혼하는가? 전적으로 헌신하겠다고 약속했는데, 실제는 자기 하고 싶은 부분만 헌신하기 때문이다. 미국의 거의 1억에 가까운 사람들이 교회에 출석하지만, 교회가 영적으로, 도덕적으로 사회에 영향을 미치지 못하는 이유는 무엇인가? 기도하면 응답하시는 하나님이신 것을 믿는데, 기도를 드리지 못하는 이유가 무엇인가? 천국과 지옥이 있다는 것을 믿으면서 예수 그리스도의 복음에 대해 입을 다물고 있는 이유가 무엇인가? 왜 그렇게도 많은 교회들이 교회 예산에 대해 염려하는가? 그것 역시 하나님의 백성들이 예수님을 믿고 따르기로 결심은 했지만, 실제로 전적으로 헌신하지 않고 자기 하고 싶은 헌신만 하고 있기 때문이다.

지금까지 자신의 삶과 신앙생활에서 불행을 느꼈던 때가 있습니까? 혹시 그때를 돌아보면, 자신이 부분적으로 헌신했기 때문에, 그것도 나 자신을 위해서 헌신했기 때문에 그런 것은 아닙니까? 사투리 관련 유머 중에 과거의 경상도 남자는 결혼 전에 프로포즈를 할 때 "내 아를 나도!내 아이를 낳아 줘!"라고 한다는 우스갯소리가 있습니다. 그런데 여기에도 결혼에 관한 전적인 헌신보다는 아이를 얻고 싶은 자기욕심의 표현이 담겨 있음을 볼 수 있습니다.

어떤 일이 자기 뜻대로 안 되면 갈등하고 소리 지르다가 점차 우울해지고 급기야 지금까지의 삶을 후회하게 됩니다. 그러다보니 인생이 불행해집니다. 사실 대부분의 사람들은 자신의 인생과 행복을 위해 결혼하고, 자신을 위해 일하며 어떤 활동들에 참여합니다. 그러나 거듭난 성도들은 결혼도 주를 위해, 공부도 주를 위해, 일과 운동, 취미 활동들도 모두 주를 위해 합니다. 지금 당신이 가족부양을 위해 일하며 헌신하는 것은 궁극적으로 누구를 위한 것입니까? 자신을 위한 헌신이라면, 결국 자신도 가족도 모두 불행해질 것입니다.

마리아가 향유를 깨뜨린 헌신은 자신을 위한 것이 아니었습니다. 그것은 주를 위한 헌신이었으며, 자신의 모든 것을 드린 전적인 헌신이었습니다.

어려운 중에서의 헌신

주를 위해 헌신하거나 봉사할 때는 반드시 갈등이 일어납니다. 마리아의 헌신의 경우에도 예수님을 가장 가까이에서 따르는 제자들, 특히 가룟 유다가 그녀의 헌신을 비난합니다.

"어떤 사람들이 화를 내어 서로 말하되 어찌하여 이 향유를 허비하는가"막14:4

단순한 비난 정도가 아닙니다. 그녀는 심하게 야단맞으며 질책을 받습니다.

"이 향유를 삼백 데나리온 이상에 팔아 가난한 자들에게 줄 수 있었겠도다 하며 그 여자를 책망하는지라"막14:5

어떤 학자들은 여기서 가룟 유다는 돈을 낭비하도록 허용하는 예수님께 실망했고, 그래서 이후 예수님을 배반하기로 결심했다고까지 말하기도 합니다. 이렇듯 누군가 순전한 마음으로 봉사하려 해도 각자의 생각이 다르고 또 자기 입장에서만 말을 하다 보니 어떤 공동체에서든 갈등이 생기기 마련입니다. 그런 갈등과 위기의 상황은 우리 모두에게 언제든 올 수 있습니다.

섬김과 헌신은 아름답고 귀한 것이지만, 그것이 항상 사람들에게 칭찬받고 박수 받는 것은 아닙니다. 오히려 비난당하고 야단맞고 오해를 살 수도 있습니다. "왜 저렇게 헌신하는 거지?" "저렇게 하는 것보다 이렇게 하는 것이 훨씬 더 좋을 텐데." "네가 뭐 잘났다고 그런 일을 해!" 등의 수군수군하는 말들이 여기저기서 드려올 수 있습니다.

마리아는 그런 수군거림을 넘어 공개적으로 야단과 꾸지람까지 받았습니다. 그런데도 마리아는 아무 말도 하지 않았습니다. 그녀는 묵묵히 예수님께 향기 나는 값진 기름을 붓고 계속해서 헌신의 행동을 보입니다. 한 번 생각해 보세요. 자신의 전 재산과도 같은 귀한 향유 기름을 예수님께 드리면서도 칭찬은커녕 욕을 얻어먹게 되다니, 우리 같았으면 가만히 있겠습니까? 아마도 "너희들이 나를 알기나 해! 나를 가만히 내버려둬, 난 내가 받은 놀라운 은혜가 있어서 이렇게 하는 거야!"라고 적어도 한 마디는 쏘아붙일 것입니다. 하지만 마리아는 아무 말 없이 묵묵히 자신이 할 일에만 집중합니다.

사도바울은 하나님의 사랑과 은혜를 입은 거듭난 성도의 헌신에 대해 다음과 같이 말합니다.

> "그러므로 형제들아 내가 하나님의 모든 자비하심으로 너희를 권하노니 너희 몸을 하나님이 기뻐하시는 거룩한 산 제물로 드리라 이는 너희가 드릴 영적 예배니라"롬12:1

바울이 "하나님의 모든 자비하심으로" 권한다는 것은 무슨 의미일까요? 이는 로마 교회의 성도들이 이미 하나님의 사랑을 받은 자라는 것을 전제로 하고 있는 것입니다. 즉 바울은 하나님의 사랑을 받아 죄

사함과 자유를 얻은 로마 교회 성도들에게 사랑을 받은 자로서 자신의 몸을 "거룩한 산 제물"로 드리라고 권면하는 것입니다.

그렇습니다. 헌신이란 우리 자신을 거룩한 산 제물로 하나님께 드리는 것입니다. 여기서 '거룩'이란 다른 것과 구별된다는 의미입니다. 그리고 '산 제물'이란 죽으라는 의미입니다. 구약시대 때에는 제물을 죽여서 제사를 드렸습니다. 따라서 '거룩한 산 제물'이란 세상과 구별된 자로서 전적으로 나 자신을 십자가에 죽이는 것이요, 곧 헌신이라 할 수 있습니다.

그런데 그렇게 헌신하면 주위로부터 칭찬을 받게 될까요? 마리아가 헌신할 때, 제자들은 그녀를 칭찬하기는커녕 비난했습니다. 이렇듯 헌신은 칭찬보다는 비난과 모욕, 오해를 불러올 때가 종종 있습니다. 하지만 마리아가 보여주었듯이, 그런 비난 가운데서도 묵묵히 섬기고, 모욕을 받으면서도, 오해를 받으면서도 계속하는 것이 헌신입니다. 마리아가 이러한 헌신을 할 수 있었던 이유는 무엇일까요? 그것은 그녀가 '받은 은혜' 때문입니다.

그렇기 때문에 진정한 헌신에는 어떠한 자랑도, 논쟁도 끼어들 수 없습니다. 다만 하나님께 사랑의 은혜를 입은 사람들은 아무 조건과 자랑 없이 전적인 헌신에 참여하는 자들이요, 따라서 스스로를 "거룩한 산 제물"로 드리는 자들입니다. 옥합을 깨뜨려 값진 향유를 예수님께 부은 여인의 헌신이 집 안 전체를 향기로 가득하게 했습니다. 이에 분노했던 제자들은 그런 향기를 향기로 느끼지 못하는 불행한 사람들입니다.

헌신 자체가 복이다!

아무나 헌신할 수 있는 것이 아닙니다. 건강하고, 능력 있고, 돈 있고, 은사가 있다고 해서 헌신할 수 있는 것이 아닙니다. 앞서 말했듯이, 마리아가 주께 전적으로 헌신할 수 있었던 이유는 그녀가 받은 은혜와 사랑을 깨달았기 때문입니다. 그런데 사실 당시 예수님 주변에 있었던 모든 사람들이 마리아와 같은 은혜와 사랑을 받은 자들이었습니다. 그럼에도 불구하고 마리아 외에는 아무도 예수님의 은혜와 사랑을 깨닫지 못했습니다.

자신이 예수님의 은혜와 사랑을 받았고, 지금도 계속해서 은혜와 사랑을 받고 있다고 깨닫는 사람만이 예수님을 위해 예수님의 뜻에 따라 헌신할 수 있습니다. 따라서 지금 자신에게 있는 것으로 예수님을 위해 교회를 섬기고 사람을 섬기는 사람은 복이 있는 사람입니다.

다시 물어볼까요? 무엇이 복이고, 무엇이 더 나은 삶일까요? 수입이 더 많은 것, 더 높은 위치와 지위에 올라가는 것이 복이고, 더 나은 삶일까요? 아닙니다. 자신이 하나님의 백성임을 알고 하나님께서 창조하신 사람과 세상을 위해 섬기며 살겠다는 것, 그 자체가 복이고, 더 나은 삶입니다. 그런데 이처럼 주님을 위해 헌신하는 사람이 누리게 되는 복이 있습니다.

회복의 복

먼저 주님을 위해 헌신하는 사람은 회복의 복을 누립니다. 누가는 마리아의 헌신에 관해 이렇게 결론내립니다.

"예수께서 여자에게 이르시되 네 믿음이 너를 구원하였으니 평안히 가라 하시니라"눅7:50

마리아와 마찬가지로 주님을 위해 헌신하는 사람은 예수님께서 주시는 구원과 평안함을 얻어 밝고 기쁜 삶을 누리게 됩니다. 『선행이 갖는 치유의 힘』The healing Power of doing Good이란 책에서는 지속적으로 다른 사람을 일대일로 섬길 때 건강의 축복이 온다고 설명합니다. 실제로 일주일에 하루를 자원 봉사로 수고하는 노인들은 봉사하지 않는 사람들보다 두 배 반이나 장수한다고 합니다.

관계회복의 복

헌신을 한다 하더라도 자신이 더 섬김을 받고 인정받기 위해 헌신하다보면, 오히려 서로 시기하고 질투하고 싸우기 십상입니다. 어쩌면 오늘 마가복음의 본문에서 제자들도 예수님과 자신들이 좋은 교제의 시간을 갖고 있는데, 갑자기 마리아로 인해 예수님의 관심이 그녀에게 쏠리면서 자신들의 좋은 시간을 잃다 보니 그녀를 비판했을 가능성도 있습니다. 그러나 만일 그들이 예수님을 위해 헌신하는 자들이었다면, 예수님께서 좋은 시간을 가지는 것을 두고 오히려 기뻐했을 것입니다. 이렇듯 주님을 위해 헌신할 경우에는 우리의 삶의 현장에 아름다운 사랑의 잔치가 펼쳐지게 됩니다. 설령 갈등하며 석연치 않은 관계에 있다 해도 서로가 먼저 헌신함으로써 관계의 회복이 일어납니다.

고부간의 갈등에서 시어머니가 먼저 "애야, 내 생각이 짧았다." 하면, 며느리도 "아니에요, 어머님, 제가 속이 좁아서 그랬어요. 잘못했어요."라고 나오지 않을까요. 종의 자세로 자신을 낮추며 섬기고 헌신할 때 겨울눈이 녹듯이 서로의 마음이 풀어질 것입니다.

칭찬의 복

예수님께서는 숨 막히는 갈등과 비난의 소리를 들으면서도 헌신했던 마리아를 칭찬하십니다.

"예수께서 이르시되 가만 두라 너희가 어찌하여 그를 괴롭게 하느냐 그가 내게 좋은 일을 하였느니라" 막14:6

예수님께서는 섬기고 헌신하는 사람을 비난하는 사람을 칭찬하지 않으십니다. 반면에 힘든 중에도 봉사하고 비난 받으면서도 주님의 은혜를 깨닫고 전적으로 헌신하는 사람들을 칭찬하십니다. 예수님께서는 마리아에게 그러셨듯이, 그들에게도 "내게 좋은 일을 했다."라고 칭찬하실 것입니다.

당신은 주님께 좋은 일을 하고 있습니까? 아니면 자기 자신에게 좋은 일을 하고 있습니까? 예수님께서는 마리아의 헌신이 곧 있을 그분의 장례를 위한 것이라고 밝히셨습니다. 사실 예수님의 장례와 죽음은 온 세상을 위한 최고의 헌신이었습니다. 그야말로 우리 교회와 성도가 해야 할 헌신의 최고의 모범이라고 할 수 있습니다.

이 땅에 존재하는 모든 교회와 성도는 "주께 좋은 일"에 헌신하기 위해 존재합니다. 그것은 무엇보다 가르치고 전파하고 세상을 섬기며 봉사하는 일입니다. 교회와 성도는 이러한 일에 주님 오실 때까지 집중해야 합니다. 물론 그리할 때 악한 영이 교묘하고도 집중적으로 교회와 성도를 공격할 것입니다. 그때마다 교회와 성도는 장차 임할 장래를 소망하며 이겨내야만 합니다.

언젠가 탐험가 스탠리가 아프리카 선교에 헌신했던 스코틀랜드 출신의 리빙스턴을 찾아 나선 적이 있었습니다. 그는 오랜 수고 끝에 리빙스턴을 만났습니다. 그리고 이렇게 말했습니다.

"당신은 지난 30년 동안 헌신하였으니, 이제 그만 헌신의 삶을 끝내고 고국으로 돌아갑시다. 영국 왕실에서 당신의 은퇴 이후를 위해 모든 것을 준비했습니다."

이 말을 들은 리빙스턴은 이렇게 대답했다고 합니다.

"아프리카 선교는 헌신이 아닙니다. 하나님께서 주신 은혜에 대한 보잘것없는 보답일 뿐입니다. 이것은 특권이며 영광스러운 내일을 기대하는 희망입니다. 현재의 고난은 장차 나타날 영광과 비교할 때 아무것도 아닙니다."

다시 말하지만, 헌신은 엄밀히 말해 나 자신을 위한 것도, 나의 자녀를 위한 것도 아닙니다. 그것은 오직 주님을 위한 것입니다. 주님을 위해 섬기는 것이 진정한 헌신입니다.

<더 나은 삶을 위한 물음>

1. 예수님께 칭찬받은 한 여인의 헌신과 당신의 헌신 사이에 차이가 있다면 무엇이겠습니까?

2. 헌신하는 당신이 누리고 있는 복은 무엇입니까?

3. 당신이 헌신하는 삶에 좀 더 보완해야 할 부분이 있다면 무엇입니까?

제4장
더 나은 삶의 미래

13. '그 나라'를 살기

출애굽기 19장 1~6절

"1 이스라엘 자손이 애굽 땅을 떠난 지 삼 개월이 되던 날 그들이 시내 광야에 이르니라 2 그들이 르비딤을 떠나 시내 광야에 이르러 그 광야에 장막을 치되 이스라엘이 거기 산 앞에 장막을 치니라 3 모세가 하나님 앞에 올라가니 여호와께서 산에서 그를 불러 말씀하시되 너는 이같이 야곱의 집에 말하고 이스라엘 자손들에게 말하라 4 내가 애굽 사람에게 어떻게 행하였음과 내가 어떻게 독수리 날개로 너희를 업어 내게로 인도하였음을 너희가 보았느니라 5 세계가 다 내게 속하였나니 너희가 내 말을 잘 듣고 내 언약을 지키면 너희는 모든 민족 중에서 내 소유가 되겠고 6 너희가 내게 대하여 제사장 나라가 되며 거룩한 백성이 되리라 너는 이 말을 이스라엘 자손에게 전할지니라"

2020년 5월, 미국 경찰의 과잉진압으로 흑인 조지 플로이드가 목숨을 잃자 미국을 위시하여 세계 곳곳에서 인종차별 시위가 일어났습니다. 당시 한 시위대는 팻말에 이렇게 썼습니다. "코로나보다 더 무서운 바이러스는 인종차별이다!" 하지만 시위를 계기로 미국의 수많은 도시의 상점에 방화와 약탈이 일어나 많은 사람들이 피해를 입고 두려움에 떨어야 했습니다. 코로나 바이러스도 무섭고, 인종차별도 무섭지만, 더 무서운 것은 인간 내면의 죄의 바이러스라는 생각을 해보신 적이 있습니까?

지금도 코로나 바이러스로부터 자유로운 나라가 없듯이, 치사율 100%의 죄 바이러스로부터 자유한 나라는 단 한 곳도 없습니다. 과연 이 죄 바이러스로부터 자유를 얻고 기쁨과 평강을 누릴 수 있는 나라가 있을까요? 성경은 '그 나라'에 대해 말해줍니다. 곧 이 땅에서부터 영원까지 참된 자유와 안전과 기쁨을 누리는 나라, 더 나은 삶을 온전히 누릴 수 있는 '그 나라'를 우리에게 보여줍니다.

성경이 말하는 '그 나라'는 어떤 나라입니까? 바로 '제사장 나라'입니다.

"너희가 내게 대하여 제사장 나라가 되며 거룩한 백성이 되리라 너는 이 말을 이스라엘 자손에게 전할지니라"출19:6

'그 나라'

하나님께서 시작하시고 통치하시는 나라

　이스라엘 백성들이 이집트를 출발한 지 약 3개월 후에 시내산 근처에 도착해 텐트를 치고 머무를 때였습니다. 하나님께서 모세를 부르셔서 놀라운 제안을 하십니다. "내가 여기까지 너희를 인도했는데 너희가 나의 뜻에 순종하면 너희는 제사장 나라가 될 것이다. 백성들에게 그렇게 하겠느냐고 전하라."고 하신 것입니다. 모세가 백성들에게 이런 말씀을 전하자 모든 백성들이 "네, 그렇게 하겠습니다."라고 약속했습니다. 그럼으로써 공식적으로 제사장 나라가 출범했습니다.

　제사장은 백성들의 죄를 안고 하나님께 제사를 드림으로써 그들의 죄가 사해지게 하는 일을 담당하는 사람입니다. 사실 이스라엘 백성들의 현실을 생각할 때 제사장 나라는 황당합니다. 불과 3개월 전만 해도 그들은 이집트의 노예였고, 현재는 떠돌이 집단, 난민이라 해도 좋을만한 상황입니다. 그런데 이런 백성이 '제사장 나라'가 됩니다.

　대체 이들이 어떻게 해서 제사장 나라, 거룩한 백성이 될 수 있는 걸까요? 그들이 경건하고 교양 있고 거룩해서일까요? 아닙니다. 그것은 순전히 '하나님께서' 하신 일입니다. 하나님께서 그들을 제사장 나라로 삼으신 것입니다. 그들의 성품과 능력 때문이 아니라 하나님의 은혜로 제사장 나라가 시작된 것입니다. 이것을 강조라도 하듯이 하나님께서는 "너는 야곱의 집에게 말하고 이스라엘 자손들에게 말하여라"출19:3고 말씀하십니다.

야곱은 형 에서의 발꿈치를 잡고 태어났고, 형과 아버지를 속여 장자의 축복을 받은 욕심 많은 사람이었습니다. 하지만 그는 하나님의 은혜로 이스라엘이 됩니다. 욕심쟁이 야곱이 이스라엘이 되었고, 이제 그 후손이 거룩한 제사장 나라가 된 것입니다.

한편 이스라엘 열두 지파 중에서도 제사장의 역할을 했던 지파가 있습니다. 바로 레위 지파입니다. 여기서도 마찬가지의 원리가 작동합니다. 곧 레위 지파가 다른 지파보다 경건하고 거룩했기 때문에 제사장 지파가 된 것이 아니라는 겁니다. 야곱의 아들 중 하나였던 레위는 세겜 땅에서 여동생 디나가 당한 일을 복수하기 위해 세겜 사람들에게 할례를 받으면 화친을 하겠다고 거짓으로 속인 후 시므온과 함께 칼로 그들을 모두 죽이고 약탈하여 결국 아버지 야곱으로부터 저주를 받은 사람이었습니다창49:7. 이렇게 저주를 받았던 지파가 어떻게 제사장 지파가 될 수 있었을까요? 그것은 다시 한 번 하나님께서 그렇게 하셨기 때문입니다.

'그 나라', 곧 제사장 나라는 하나님께서 이스라엘 백성들의 선조인 아브라함을 처음 부르실 때 이미 약속하신 것이었습니다.

"내가 너로 큰 민족을 이루고 네게 복을 주어 네 이름을 창대하게 하리니 너는 복이 될지라 너를 축복하는 자에게는 내가 복을 내리고 너를 저주하는 자에게는 내가 저주하리니 땅의 모든 족

속이 너로 말미암아 복을 얻을 것이라 하신지라"창12:2~3

하나님께서는 아브라함에게만 복을 주시기 위함이 아니라 그를 통해서 땅의 모든 족속들이 복을 받도록 하기 위해서 아브라함을 불러 세우셨습니다. 그 약속이 이제 시내산에서 아브라함의 후손들에게서 성취되고, 공식적인 제사장 나라로 그들이 세워진 것입니다. 그런데 이보다 더 놀라운 것은 훗날 하나님께서는 베드로를 통해 유대인이나 이방인이나 관계없이 모든 성도들이 제사장이라고 말씀하시는 것입니다.

"그러나 너희는 택하신 족속이요 왕 같은 제사장들이요 거룩한 나라요 그의 소유가 된 백성이니 이는 너희를 어두운 데서 불러 내어 그의 기이한 빛에 들어가게 하신 이의 아름다운 덕을 선포 하게 하려 하심이라"벧전2:9

오늘날 우리 제사장 나라를 세상 나라와 비교하면 정말 초라해 보일 수도 있습니다. 그런데 이는 오늘날만 그런 것이 아닙니다. 과거 구약 시대에도 화려한 이집트 제국에 비해 이스라엘이라는 제사장 나라는 비교할 수 없을 만큼 초라했습니다. 신약 시대에도 막강한 로마 제국에 비해 초대 교회라는 제사장 나라는 정말 힘이 없고 약했습니다. 이는 하나님께서 세우신 그분의 나라는 세상 나라와 전혀 다르다는 것을 보여줍니다.

따라서 세상 사람들이 그들의 기준으로 우리를 우습게 여긴다고 해서 우리도 스스로를 초라하게 여겨서는 안 됩니다. 그럴 경우 우리는 결코 '그 나라'를 누릴 수 없을 것입니다. 우리는 세상의 가치 기준으로 열등감에 사로잡히거나 스스로를 초라한 존재로 여기지 말아야 합니다. 왜냐하면 하나님께서 우리를 그 나라의 백성으로 세우셨기 때문입니다.

하나님께서 보호하시고 인도하시는 나라

"내가 애굽 사람에게 어떻게 행하였음과 내가 어떻게 독수리 날개로 너희를 업어 내게로 인도하였음을 너희가 보았느니라" 출 19:4

그 나라 또는 그 나라의 백성은 세상 사람의 눈에 초라해 보일 수 있지만, 본질적으로 그 나라는 바로가 다스리는 나라인 이집트와는 차원이 다른 나라입니다. 인간이 세운 이집트 제국은 겉으로는 무엇보다 화려해 보였습니다. 하지만 그것은 하나님의 뜻과 의가 아니라 사람의 뜻과 욕망에 의해 다스려지는 나라였습니다. 이와 달리 제사장 나라로서 광야의 이스라엘 백성은 겉보기에 이집트 제국과는 비교할 수 없을 만큼 초라한 나그네요 난민에 불과했습니다. 하지만 하나님께서 통치하시는 나라이기에 그 누구도, 심지어 이집트 제국조차 그 나라와 그 백성을 당해낼 수 없었습니다.

제사장 나라인 그 나라는 이집트 제국과 같은 벽돌과 대리석으로 된 집도 없고 화려한 음식도 없습니다. 안전한 도시의 거주민이 아니라 광야를 행군하는 난민과 다를 바가 없습니다. 그러나 유일한 한 가지, 그 나라는 세상을 창조하고 다스리시는 만군의 하나님의 통치 아래 있습니다. 그렇기 때문에 그 나라는 독수리가 새끼를 날개 위에 얹어 가장 안전한 곳으로 데려가듯 하나님의 보호와 인도하심을 받습니다. 그들은 하나님의 은혜 아래 주리지도 않고, 옷과 신발이 해어지지도 않습니다.

> "주께서 사십 년 동안 너희를 광야에서 인도하셨거니와 너희 몸의 옷이 낡아지지 아니하였고 너희 발의 신이 해어지지 아니하였으며" 신29:5

그러므로 우리는 어떤 상황에서도 하나님께서 시작하신 그 나라에 속한 사람이라는 것과 그렇기 때문에 하나님께서 통치하고 보호하고 인도하신다는 사실을 잊어서는 안 됩니다. 고故 옥한흠 목사님이 암투병 중에 신명기를 읽은 적이 있다고 합니다. 그는 1장 31절을 읽으면서 한동안 그 말씀에서 눈을 떼지 못했다고 합니다.

"광야에서도 너희가 당하였거니와 사람이 자기의 아들을 안는 것 같이 너희의 하나님 여호와께서 너희가 걸어온 길에서 너희를 안으사 이곳까지 이르게 하셨느니라 하나"신1:31

그는 여기서 '너희를 안아주셨다'라는 말씀에 크게 감동을 받고 『안아주심』이란 책을 썼습니다. 비록 우리가 제사장 나라에 속하고, 그래서 하나님의 다스림 아래 있다 해도 이 땅에서의 삶은 광야일 수 있습니다. 하지만 그런 광야에서 절망하거나 위축될 것이 아니라 거기서도 하나님께서 안아주신다는 확신을 가져야만 합니다. 그렇지 않으면 우리 또한 과거의 이스라엘 백성들처럼 불평하면서 하나님이 아닌 다른 것을 의지하는 죄를 범하게 될 것입니다.

홍해 바다, 마라의 쓴물, 뜨거운 광야 등의 어려움에 부딪칠 때마다 이스라엘 백성들이 불평하고 원망했던 이유는, 그들이 자신들이 누구인지 알지 못했고, 그래서 하나님께서 통치하고 계신다는 사실을 잊어버렸기 때문입니다. 그래서 자꾸만 이집트의 고기와 부추를 그리워했고, 자신들의 현재 상황을 그때와 비교하면서 불평했던 것입니다. 그렇게 과거와 비교하면서 불평하던 백성들을 하나님께서는 어떻게 다스리십니까?

"여호와께서 불뱀들을 백성 중에 보내어 백성을 물게 하시므로 이스라엘 백성 중에 죽은 자가 많은지라"민21:6

비록 그 나라에 있다 해도 하나님의 통치하심을 잊는 사람은 광야와 같은 상황에 대해 불평하게 되고, 또한 그런 불평 속에서 불뱀에게 물려 죽게 됩니다. 하지만 비록 광야와 같은 험악한 세상을 살아간다 하더라도 우리를 인도하시는 예수 그리스도께서 우리와 함께하십니다. 예수님께서는 분명히 이렇게 약속하셨습니다.

> "내가 너희를 고아와 같이 버려두지 아니하고 너희에게로 오리라"요14:18

그렇습니다. 우리를 흔들어 놓는 일이나 상황들 앞에서 우리가 한없이 초라하고 무능력해 보이고, 그래서 절망할 수밖에 없는 때에도 하늘과 땅의 모든 권세를 지니신 예수님께서 우리와 함께하신다는 확신 안에 머문다면, 또는 그 확신이 흔들리지 않는다면, 우리는 평강을 잃지 않을 수 있습니다.

용서가 흐르는 나라

> "세계가 다 내게 속하였나니 너희가 내 말을 잘 듣고 내 언약을 지키면 너희는 모든 민족 중에서 내 소유가 되겠고"출19:5

> "백성이 일제히 응답하여 이르되 여호와께서 명령하신 대로 우

리가 다 행하리이다 모세가 백성의 말을 여호와께 전하매"출19:8

하나님께서 그분께 순종하며 언약을 지키겠느냐고 물으셨을 때, 이스라엘 백성들은 하나같이 "아멘, 당연히 그렇게 하겠습니다."라고 굳게 다짐했습니다. 그런데 그 이후 어떠했습니까? 이스라엘 역사가 말해주듯이, 그들은 약속을 제대로 지킨 적이 거의 없습니다. 40년 동안의 광야에서는 물론이고, 이후 약속의 땅인 가나안에 정착해서도 하나님과 전혀 상관없이 각각 자기 생각에 옳은 대로 살아갔습니다. 마지막 사사였던 사무엘에게는 세상 나라들처럼 똑같이 그들에게도 왕을 세워 달라고 하여 이후 500년 동안 왕정시대를 유지합니다. 하지만 다윗을 제외하고는 모든 왕들이 크든 작든 하나님의 뜻에서 어긋났고, 그 결과 이스라엘은 제사장 나라라고 부를 수도 없을 만큼 민족 이기주의에 빠져 있었습니다.

이에 하나님께서는 그들에게 수많은 선지자들을 보내시어 그분께로 돌아오라고 하셨지만, 오히려 그들은 거짓 축복과 거짓 위로를 주는 거짓 선지자들의 말에만 귀를 기울였습니다. 마침내 하나님께서는 앗수르와 바벨론을 사용하시어 이스라엘을 징계하십니다. 이로 말미암아 이스라엘은 멸망하고 이방 땅에서 포로생활을 하게 됩니다. 그러나 70년 후, 하나님께서는 페르시아의 고레스 왕을 통해 그들을 다시 예루살렘으로 돌아가게 하시어 왕도, 성전도, 나라도 없는 곳에서 제사장 나라를 다시 시작하게 하십니다.

이때 활동했던 사람들이 에스라와 느헤미야입니다. 그들의 가르침과 지도 아래 백성들은 그들의 정체성을 회복하고 제사장 나라를 세워갔습니다. 하지만 얼마 지나지 않아 그들은 다시 하나님을 등집니다. 이에 하나님께서는 말라기 선지자를 통해 이렇게 말씀하셨습니다.

"내 이름을 멸시하는 제사장들아 나 만군의 여호와가 너희에게 이르기를 아들은 그 아버지를, 종은 그 주인을 공경하나니 내가 아버지일진대 나를 공경함이 어디 있느냐 내가 주인일진대 나를 두려워함이 어디 있느냐 하나 너희는 이르기를 우리가 어떻게 주의 이름을 멸시하였나이까 하는도다 너희가 더러운 떡을 나의 제단에 드리고도 말하기를 우리가 어떻게 주를 더럽게 하였나이까 하는도다 이는 너희가 여호와의 식탁은 경멸히 여길 것이라 말하기 때문이라" 말1:6~7

그런데 이와 같은 이스라엘 백성들의 불경건과 불의함에도 불구하고 하나님께서는 이들을 다시 용서하십니다. 그리고 또 다시 시작하겠다고 약속하셨습니다.

"너희에게는 공의로운 해가 떠올라서 치료하는 광선을 비추리니" 말4:2a

이는 곧 예수 그리스도를 통해서 그 나라를 회복하시고 완성하시겠다는 뜻입니다. 그렇습니다. 회복은 용서를 전제로 합니다.

하나님께서 왜 유월절 어린양의 희생을 요구하셨을까요? 그들을 제사장 나라로 삼기 위해서였습니다. 왜 제사제도를 주셨을까요? 그들의 죄를 용서하시기 위함이었습니다. 그렇습니다. 이제 이 두 가지가 예수님에게서 이루어집니다. 다시 말해, 왜 예수님께서 십자가에서 죽으셨을까요? 우리의 죄를 용서하시고, 우리를 제사장 나라로 삼기 위해서입니다.

하나님께서 시작하신 그 나라, 하나님께서 통치하고 보호하고 인도하시는 그 나라는 길고 긴 용서의 강이 끊임없이 흐르고 있습니다. 하나님의 용서가 임한 나라가 바로 '그 나라', 제사장 나라입니다. 제사장 나라가 무엇입니까? 그것은 모든 족속에게 하나님의 용서를 받는 복을 흘려보내기 위한 통로로 세우신 나라입니다.

그 나라 누리기

이미 그 나라 안에 있음을 인식하기

'그 나라'는 예수님의 첫 메시지인 "회개하라 천국이 가까웠느니라"에서 말씀하신 그 '천국'과 관계가 있습니다. 천국은 예수님을 믿는 자가 죽은 후에 가는 곳만을 의미하는 것이 아니라 '하나님의 다스리심'을 의미합니다. 예수님께서는 천국복음을 전파하시며 눈먼 자, 문둥병자를 고치시면서 '이미' 하나님 나라가 임했다고 선언하셨습니다. 물론 완전한 하나님 나라는 주님의 재림과 더불어 임하게 됩니다. 그러므로 성도는 이미 그 나라에 들어와 있다는 사실을 인식하는 것이 매우 중요합니다. 하나님의 용서가 이미 내게 있고, 하나님의 보호와 인도하심이 지금 내게 있음을 믿을 때, 실제 나의 삶이 달라집니다. 용서의 은혜를 누리게 됨은 물론이고, 하나님께서 인도하시는 그 나라를 오늘, 지금 여기서 누리게 됩니다.

미국의 조지 플로이드George Floyd의 죽음을 계기로 일어난 인종차별 반대시위에는 약탈과 폭행만 일어난 것이 아닙니다. 그 사건으로 인해 뉴욕 경찰과 시위대가 대치하고 있을 때, 경찰간부 한 사람이 갑자기 시위대 곁으로 다가가서 시위를 주동하는 흑인여성 운동가 홈즈와 대화를 나눴습니다. 짧은 순간이었지만 사람들은 긴장했을 것입니다. 그리고는 경찰순찰대장 로저 레예스가 말했습니다.

"제가 안아도 될까요?"

시위대 주동자와 진압경찰 책임자가 서로 포옹하며 "누구도 다치는 것을 원치 않습니다. 더 이상 다쳐서는 안 됩니다."라는 말을 주고받는 감격적인 장면이 일어났습니다. 큰 소리로 데모하고, 불을 지르고, 약탈하는 상황만 있었던 것이 아니라, 바로 그 현장에서 흑인 앞에서 무릎을 꿇는 경찰들과 서로 울먹이는 광경도 있었던 것입니다. 마찬가지로 지옥 같은 현실 상황에서도 우리가 누구인지를 확신하는 사람, 곧 우리는 이미 하나님 나라 안에 있음을 인식하는 사람은 그 나라를 누리게 됩니다.

하나님의 뜻을 따르기

그 나라는 관념상의 나라가 아닙니다. 그 나라는 실제적인 나라입니다. 때문에 하나님의 뜻을 따를 때 그 나라를 누립니다.

> "하나님의 나라는 먹는 것과 마시는 것이 아니요 오직 성령 안에
> 있는 의와 평강과 희락이라"롬14:17

하나님 나라는 의식주와 환경, 조건도 중요하겠지만, 그보다 더 중요한 것은 하나님의 뜻대로 다스려지는 나라라는 것입니다. 요한은 계시록에서 천국을 각종 다양한 보석으로 꾸며진 곳이라고 했는데, 이는 분명 우리가 누릴 수 있는 최고의 환경임에 틀림없습니다. 그러나 천국은 환경도 환경이지만, 하나님의 뜻에 의해 다스려지는 나라임을 잊어서는 안 됩니다.

예를 들어, 이 땅에서 황금보석으로 지은 집을 가졌다 하더라도 그것을 불의한 방법으로 소유했다면 천국이 될 수 있을까요? 이집트의 바로는 황금으로 장식된 화려하고 멋진 궁전에서 살았습니다. 그러나 그는 그곳에서 하나님 나라는커녕 열 가지 재앙을 겪으며 슬피 울고 이를 갈았습니다. 왜입니까? 바로가 하나님의 뜻을 거역하고, 어

린 생명들을 나일강에서 죽게 하고, 이스라엘 백성들을 노예로 삼고, 그들의 인권과 자유 등의 기본권도 모두 빼앗은 악한 왕이었기 때문입니다.

그 나라는 언제 우리에게 임합니까?

"세계가 다 내게 속하였나니 너희가 내 말을 잘 듣고 내 언약을 지키면 너희는 모든 민족 중에서 내 소유가 되겠고"출19:5

하나님의 뜻이 담긴 율법 또는 계명을 지금 여기 우리의 삶에서 구체적으로 따르고 순종할 때, 그 나라, 곧 하나님 나라가 우리에게 임하며, 우리는 그 나라를 누리게 됩니다.

완전한 그 나라를 소망하기

그 나라는 '이미' 우리에게 임했지만 '아직' 완전히 임한 것은 아닙니다. 완전한 그 나라는 주님과 함께 오고 있습니다. 그렇기 때문에 이 땅에 사는 동안 우리는 여전히 많은 어려움들을 만날 것입니다. 하지만 완전한 그 나라가 우리에게 반드시 온다는 소망이 있기 때문에, 우리는 인내할 수 있습니다.

존 오트버그John Ortberg는 그가 쓴 『평범 이상의 삶』이란 책에서 자기 친구 톰 슈미트의 이야기를 소개합니다. 톰은 요양병원을 정기적으로 섬겼는데, 하루는 복도 끝에서 휠체어를 탄 할머니를 만났습니다. 이 할머니 눈에는 초점이 없었고, 듣는 것도 어려워 보청기를 하고, 코는 찌그러지고, 얼굴 한 쪽은 암이 걸려 고름까지 나오고 있었습니다. 턱관절도 일그러져 아랫입술에는 침이 흘러내리고 있었습니다.

톰이 다가가서 그 할머니에게 꽃을 건네주었습니다.

"이것은 꽃이에요. 어머니날을 축하드립니다."

할머니는 꽃 냄새를 맡기 위해 애를 쓰며,

"고맙습니다. 아름다운 꽃이군요. 그런데 다른 사람에게 줘도 될까요? 나는 눈이 멀어서 보지 못하니까요."

그러면서 휠체어를 밀고가 다른 사람에게 꽃을 내밀며 말했습니다.

"이것을 받으세요. 예수님께서 주시는 거예요."

톰은 '이 분이 보통 분이 아니구나!'라는 생각이 들어서 병실로 모시고 가서 할머니의 사연을 들어주었습니다. 메이블 할머니와 톰은 곧 친해졌고, 그 후로 3년간 만날 때마다 톰은 할머니에게 성경도 읽어주고 찬송도 불러주었는데, 할머니는 오래된 찬송가 가사를 거의 다 외고 계셨습니다. 하루는 톰이 물었습니다.

"메이블 할머니, 할머니는 누워서 무슨 생각을 하세요?"

"나의 예수님에 대해 생각하지."

그 말을 듣자 톰 슈미트는 단 5분도 예수님께 집중하지 못하는 자신의 모습에 부끄러움을 느끼며 다시 물었습니다.

"예수님에 대해 무슨 생각을 하세요?"

할머니는 아주 느리게 그리고 신중하게 대답하셨습니다.

"예수님께서 내게 얼마나 선한 일을 하셨는지에 대해 생각해. 예수님께서는 내가 사는 동안 너무나 큰 선을 베푸셨어. 세상에서 가장 큰 만족을 누린 사람 중 하나가 바로 나야! 사람들은 이런 내 생각에 별로 신경 쓰지 않고 내가 구식이라고 생각하겠지만, 나는 그래도 상관없어! 내게 예수님보다 귀한 것은 없어. 예수님이 나의 모든 것이야."

그러면서 할머니는 찬송을 부르셨습니다.

"예수는 나의 힘이요 내 생명이시니 / 구주 예수 떠나가면 죄 중에 빠지리 / 눈물이 앞을 가리고 내 맘에 근심 쌓일 때 / 위로하고 힘주실 이 주 예수!"

메이블 할머니는 평범한 삶을 살았지만, 그 나라를 소망하며 다른 사람에게 천국의 소망의 복을 나누는 제사장으로 살았던 분이었음에 틀림없습니다.

하나님께서 그 나라를 세우시고 제사장 나라라고 부르신 이유가 무엇입니까? 그것은 제사장들로 하여금 백성들을 축복하게 하기 위해서였습니다.

"아론과 그의 아들들에게 말하여 이르기를 너희는 이스라엘 자손을 위하여 이렇게 축복하여 이르되 여호와는 네게 복을 주시고 너를 지키시기를 원하며 여호와는 그의 얼굴을 네게 비추사 은혜 베푸시기를 원하며 여호와는 그 얼굴을 네게로 향하여 드사 평강 주시기를 원하노라 할지니라 하라"민6:23~26

우리는 모든 사람에게 이 복을 선언하는 사람으로 부름을 입었습니다. 지금보다 더 나은 삶은 미래에 있지 않습니다. 오늘, 지금 여기서 하나님의 약속을 믿고 다른 사람들을 축복할 때 이미 그 삶을 누리게 됩니다. 오늘 그 복을 누리는 사람만이 완전한 그 나라가 임할 때 더 나은 삶을 만끽할 것입니다.

<더 나은 삶을 위한 물음>

1. '천국'을 생각할 때 이제 당신이 새롭게 생각해야 할 것은 무엇입니까?

2. '제사장 나라'를 세워가기 위해 당신이 알아야 할 세 가지는 무엇입니까?

3. '그 나라'를 오늘 당신의 삶의 실제에서 누리기 위해 필요한 것은 무엇입니까?

14. '그 날'을 기다리기

베드로후서 3장 8~13절

"8 사랑하는 자들아 주께는 하루가 천 년 같고 천 년이 하루 같다는 이 한 가지를 잊지 말라 9 주의 약속은 어떤 이들이 더디다고 생각하는 것 같이 더딘 것이 아니라 오직 주께서는 너희를 대하여 오래 참으사 아무도 멸망하지 아니하고 다 회개하기에 이르기를 원하시느니라 10 그러나 주의 날이 도둑 같이 오리니 그 날에는 하늘이 큰 소리로 떠나가고 물질이 뜨거운 불에 풀어지고 땅과 그 중에 있는 모든 일이 드러나리로다 11 이 모든 것이 이렇게 풀어지리니 너희가 어떠한 사람이 되어야 마땅하냐 거룩한 행실과 경건함으로 12 하나님의 날이 임하기를 바라보고 간절히 사모하라 그 날에 하늘이 불에 타서 풀어지고 물질이 뜨거운 불에 녹아지려니와 13 우리는 그의 약속대로 의가 있는 곳인 새 하늘과 새 땅을 바라보도다"

"예수님은 약속대로 다시 오십니다." 당신은 이 말씀 앞에 어떻게 반응합니까? "아멘! 할렐루야!" 하는 사람도 있겠지만, 주저하는 사람도 있을 것입니다. "주님, 조금만 더 있다가 오시면 좋겠습니다." "저는 아직 결혼도 안 했습니다." "천국도, 주님의 재림도 좋지만 지금은 좀 곤란합니다!"라고 하면서 말입니다.

우리나라가 36년 동안 일본의 지배를 받던 시절에는 전 국민이 힘들어했고, 신자는 핍박받아 감옥에 가거나 순교를 당했습니다. 그때 우리 신앙의 선배들은 "주님, 하루라도 빨리 오시면 좋겠습니다."라며 <주님고대가>를 시로 지어 찬송을 불렀습니다. 지금도 믿음으로 인해 핍박받는 세계 곳곳의 성도들은 하나같이 주님의 재림을 고대하며 '그 나라'를 소망하고 있습니다. '그 나라'는 하나님의 통치가 실제로 임하는 나라입니다. 그 나라는 '이미' 임했지만 완전한 하나님의 통치가 있는 그 나라는 '아직' 오지 않았습니다. 하나님의 완전한 통치는 바로 '그 날'에 이루어질 것입니다. 이와 같은 '그 날'에 대해 당신은 어떻게 생각합니까?

1세기 베드로의 편지를 받은 신자들 가운데는 거짓 선생들의 영향으로 주께서 다시 오시는 그 날에 대한 약속을 믿지 않았을 뿐만 아니라 믿음의 자리에서 떠나는 사람들도 있었습니다. 심지어 거짓 선생들은 예수님께서 다시 오셔서 세상을 심판하신다는 약속을 웃기는 소리라며 조롱하기까지 했습니다. 이런 상황에서 베드로는 호소합니다.

"그리들 마시오. 주님의 재림이 지체되는 것은 한 사람이라도 더 회개하고 돌아오기를 기다리시는 하나님의 배려입니다. 우리의 시간으로는 더디고 지체되는 것 같지만 영원하신 하나님께는 천 년이 하루 같고, 하루가 천 년 같이 되기도 합니다. 여러분의 수준에서 생각하다가 어리석은 선택을 하는 일이 없도록 하시오."

오늘날의 상황도 이와 다르지 않습니다. 많은 성도들이 예수님의 재림과 심판에 관한 말씀을 알고는 있지만, 실제로는 "그냥 이대로가 좋아!"라고 생각하면서 사는 경우가 대부분입니다. 영적 분별력이 없이 아무렇게나 살면 영적 게으름과 나태에 빠져 더 나은 삶의 미래를 잃게 됩니다. '그 날'을 제대로 이해할 때, '그 나라'를 이 땅에서부터 누릴 수 있습니다.

그 날

주의 날

"그러나 주의 날이 도둑같이 올 것입니다." '그 날'은 주님께서 약속대로 다시 오시는 주의 날입니다. 예수님께서는 다시 재림하실 것이라고 분명히 말씀하셨습니다.

> "가서 너희를 위하여 거처를 예비하면 내가 다시 와서 너희를 내게로 영접하여 나 있는 곳에 너희도 있게 하리라" 요14:3

천사들도 예수님께서 승천하신 날에 본 그대로 다시 오실 것이라고 약속합니다.

> "너희 가운데서 하늘로 올려지신 이 예수는 하늘로 가심을 본 그대로 오시리라" 행1:11b

주님께서는 반드시 다시 오십니다. 그러나 언제 오시는지에 대해서는 말씀하지 않으셨습니다. 그래서 재림의 날짜를 말하고, 주님을 맞을 준비를 한다는 미명 하에 집단생활을 하는 이단 무리들이 과거부터 계속해서 생겨났습니다. 반면 이와 반대로 1세기 성도들도 그랬듯이, 오늘날 성도들 가운데서도 '혹시 예수님께서 안 오시는 것 아닌가?'라고 의심하거나 '내가 살아있을 동안에는 안 오시겠지.'라고 안일하게 생각하면서 영적으로 나태해지는 사람들이 있습니다.

> "그러나 그 날과 그 때는 아무도 모르나니 하늘의 천사들도, 아들도 모르고 오직 아버지만 아시느니라" 마24:36

"주의 날은 도둑같이 올 것입니다."라고 비유한 이유가 무엇일까요? 아마도 "내가 며칠 몇 시에 당신 집을 방문하겠습니다. 준비하십시오."라고 친절하게 예고하는 도둑은 한 명도 없을 것입니다. 주님께서 오시는 것도 이와 같습니다. 주님께서는 우리가 원하는 때, 원하는 시간에 오시지 않습니다. 그분께서는 우리의 뜻에 따라 통치하시는 분이 아닙니다. 주님께서 재림하신다는 사실은 분명합니다. 하지만 그 날짜와 방법은 알려주지 않으시는 것이 하나님의 통치방식입니다. 주님께서는 그 날에 대해 이렇게 말씀하셨습니다.

> "이러므로 너희도 준비하고 있으라 생각하지 않은 때에 인자가 오리라"마24:44

주님께서는 "생각하지 않은 때"에 오신다고 약속하셨습니다. 성경은 약속의 책이고, 그 약속은 반드시 이루어집니다. 따라서 세상의 정보와 문화에 매료되고, 세상의 풍조에 속아 이 말씀을 가볍게 여기거나 아직 오실 때가 아니라고 생각하면서, 현재 자신이 좋아하는 일에만 신경 쓰며 살다가는 노아 때의 사람들처럼 큰 낭패를 당하게 될 것입니다.

> "노아의 때에 된 것과 같이 인자의 때에도 그러하리라 노아가 방주에 들어가던 날까지 사람들이 먹고 마시고 장가 들고 시집 가더니 홍수가 나서 그들을 다 멸망시켰으며"눅17:26~27

노아 시대에 멸망당한 사람들은 얼핏 보기에 큰 잘못이 없어 보입니다. 그들은 다만 먹고 마시고 결혼했을 뿐입니다. 이는 우리 인간의 기본적인 본성입니다. 하지만 이렇게 스스로 잘 살기 위해 열심히 공부하고, 일하고, 결혼하고 등의 자신을 위한 일들에만 집중하면서 살면 어느새 영적으로 나태해지고 둔감해져 하나님의 말씀대로 심판이 임하는 것을 깨닫지 못하고서 결국 멸망하게 된다는 것을 잊지 말아야 합니다.

예수님께서는 재림하시는 그 날이 가까워지면 어떤 일들이 일어날 것인지도 이미 말씀해주셨습니다. 우선 거짓 그리스도와 거짓 선지자가 출현합니다. 짝퉁들이 사람을 현혹시키는 것입니다. 또한 전쟁과 기근이 일어나고, 지구 환경의 변화가 일어나 사람들을 놀라게 합니다. 이런 영적이고 환경적인 변화와 더불어 인간 자신의 타락도 극대화됩니다. 그래서 사도 바울도 말세에는 사람들의 비인간적이고 비윤리적인 행동이 극대화되어 "쾌락을 사랑하기를 하나님 사랑하는 것보다 더하며"딤후3:4라고 말했던 것입니다.

또한 인간이 비록 하나님의 형상대로 지음 받았더라도 말세에는 자기 쾌락만을 좇음으로 인간되기를 포기하는 행동이 극성을 부리게 될 것이라고 경고합니다. 그런데 이런 일이 가끔씩 일어나면 사람들이 경각심을 가질 텐데, 오늘날에는 이런 일이 너무 자주 일어나다 보니 어느새 사람들이 점점 둔감해지는 것 같습니다. 인간의 타락에 대해 둔감해지면서 점차 주의 재림과도 멀어집니다. 그래서 베드로가 이런 시대를 사는 성도들에게 "기억하라"고 호소하는 것입니다.

지구 종말의 날

'그 날'은 심판의 날입니다. 1세기 거짓 선생들은 하나님께서 창조하신 하늘과 땅과 모든 만물들이 처음부터 지금까지 계속되듯이, 앞으로도 영원히 계속될 것이라고 주장했습니다. 따라서 이 세상의 끝, 곧 종말이 온다는 것은 이성적으로 볼 때 합리적이지 않다고 말하면서 '주의 재림하시는 날이 세상 끝 날'이라는 성경의 약속을 조롱하였습니다.

"이르되 주께서 강림하신다는 약속이 어디 있느냐 조상들이 잔 후로부터 만물이 처음 창조될 때와 같이 그냥 있다 하니" 벧후3:4

1세기에도 매일 아침, 점심, 저녁이 반복되듯이 역사는 영원히 반복되므로, 주의 그 날에 세상에 종말이 온다고 말하는 것은 쓸데없는 소리라고 주장하는 사람들의 영향을 입은 사람들이 있었는데, 오늘날에도 마찬가지입니다. 많은 사람들이 "봐라! 다시 오시겠다고 약속한 지가 언제인데 아직까지 오지 않잖아! 역사는 계속 반복되는 거야. 반복되는 과정에서 진화하고 인간의 과학기술문명도 발달하여 점점 살기 좋은 세상이 되는 거야. 봐라! 우주여행 시대가 이미 열렸잖아! 인류 역사의 종국은 유토피아가 될 거야."라고 생각합니다. 그런데 과연 그럴까요?

성경은 이와 달리 그 날, 곧 주의 날에 하늘과 땅이 완전히 변혁되는 엄청난 일들이 일어날 것이라고 분명히 말합니다.

> "그러나 주의 날이 도둑 같이 오리니 그 날에는 하늘이 큰 소리
> 로 떠나가고 물질이 뜨거운 불에 풀어지고 땅과 그 중에 있는 모
> 든 일이 드러나리로다" 벧후3:10

여기서 '(구성)물질' 개역성경에는 '체질'이라고 번역이란 '스토이게이야'라는 헬라어를 번역한 것인데, 그것은 이 지구를 구성하고 있는 '원소', 즉 흙, 물, 불, 공기 등 우주의 모든 물질을 이루는 기본물질을 의미합니다. 성경은 이것이 불에 타 해체된다고 말합니다. 그래서 구약 시대의 노아 홍수가 '물 심판'이라면, 종말에 있을 최후의 심판은 '불 심판'이란 말이 나오게 되었습니다.

한편 (구성)물질이 불에 타 해체된다는 말씀을 두고 이 지구가 완전히 분해되어 날아가 버리고 새 하늘과 새 땅이 내려온다고 주장하는 학자들도 있습니다. 그런가하면 대부분의 학자들은 하나님께서 창조하신 만물을 완전히 없앤 후 새롭게 하시든, 현존하는 것을 완전히 새롭게 하시든, 완전히 새로운 변혁에 무게를 싣고 있습니다. 다시 말해, 하나님께서 창조하신 이 지구가 사람들에 의해 오염되고 파괴되었지만, 그 날에 지구의 구성요소가 완전히 새롭게 되고 회복되어 새 하늘과 새 땅이 도래한다는 것입니다.

"성령으로 나를 데리고 크고 높은 산으로 올라가 하나님께로부터 하늘에서 내려오는 거룩한 성 예루살렘을 보이니"계21:10

"보좌에 앉으신 이가 이르시되 보라 내가 만물을 새롭게 하노라 하시고 또 이르시되 이 말은 신실하고 참되니 기록하라 하시고"
계21:5

새 하늘과 새 땅은 새롭고 영원한 요소들이 되어 만물이 회복됩니다. 예수님께서도 이 점에 대해 언급하셨습니다.

"예수께서 이르시되 내가 진실로 너희에게 이르노니 세상이 새롭게 되어 인자가 자기 영광의 보좌에 앉을 때에 나를 따르는 너희도 열두 보좌에 앉아 이스라엘 열두 지파를 심판하리라"마19:28

하나님께서는 지금의 세상을 완전히 새롭게 하셔서 새 하늘과 새 땅이 도래하게 하십니다. 이 말은 현재 우리가 살고 있는 세상의 종말은 원자폭탄이나 미사일과 같은 사람의 능력과 계획에 의해 진행되는 것이 아니라 하나님의 통치에 의해 온다는 것을 의미합니다.

최근 어떤 학자들은 2050년이 되면, 지구는 인간이 오염시킨 환경 변화로 말미암아 엄청나게 무서운 일들이 일어날 것이라고 경고합니다. 식량 문제, 물 문제 등으로 전쟁이 일어나고, 산업화와 기계화 등으로 늘어난 이산화탄소의 방출이 지구온도를 높여 사람이 살 수 없게 될 것이라고 주장합니다. 물론 지금도 세계는 몸살을 앓고 있습니다. 과학기술의 발달로 생활환경이 편리해진 것은 사실이지만, 사람들 사이의 관계는 메마르고, 이전에는 상상도 할 수 없었던 범죄와 악행이 일어나고, 생태계가 파괴되고, 코로나 바이러스 등의 전염병으로 전 세계가 두려움에 사로잡혀 있습니다.

그렇더라도 우리가 분명히 알아야 할 것이 있습니다. 그것은 사람이 이룬 과학기술의 발전으로 우리의 지구가 더 나은 지구가 되는 것이 아니라는 것과, 반대로 그런 사람의 힘과 능력으로 지구의 종말이 오는 것도 아니라는 것입니다. 더 나은 지구나 지구의 종말은 모두 하나님의 통치에 의해 오는 것입니다.

역사의 주인이신 하나님께서는 이 세상이 반드시 끝날 것이라고 말씀하셨습니다. 말씀하신 대로 세상은 완전히 끝이 나겠지만, 예수님께서는 "내가 믿는 너희를 위해 처소를 예비하고 다시 오겠다."라고 분명하게 말씀하셨습니다.

그 날을 준비하기

현재의 삶을 점검하기

> "이 모든 것이 이렇게 풀어지리니 너희가 어떠한 사람이 되어야
> 마땅하냐 거룩한 행실과 경건함으로" 벧후3:11

그 날을 준비하기 위해서는 먼저 "내가 어떤 사람인가?"를 돌아보아야 합니다. 즉 "나는 그 날, 곧 주의 날이자 심판의 날이 올 것을 믿는 사람인가?" 그리고 "내게는 거룩함 또는 경건함이 있는가?" 등을 점검해야 합니다.

그런데 어떻게 우리가 거룩하고 경건해질 수 있을까요? 사실 우리 스스로는 결코 거룩해지거나 경건해질 수 없습니다. 오직 예수님을 믿고 그분 안에 있을 때, 예수님께서 우리를 거룩하게 하십니다. 또는 우리가 그분의 거룩함을 입게 됩니다. 그렇기 때문에 예수님을 믿고 그분 안에 있는 삶이라면, 이보다 더 나은 삶이 없는 것입니다.

누군가 어떤 목사에게 이런 질문을 했습니다. "목사님, 도대체 지옥은 어디에 있습니까?" 이에 그 목사는 이렇게 대답했습니다. "당신이 예수 그리스도 없이 계속 걸어가다가 당신의 인생 맨 끝에 도달하는 곳이 바로 지옥입니다."

아무리 돈을 많이 벌고 성공했다 하더라도 예수님 없이 사는 인생

의 결과는 심판뿐입니다. 그렇기 때문에 인생에서 그 날을 위한 가장 중요한 준비는 예수님을 믿는 것입니다. 만일 아직까지 마음으로 회개하고 예수님을 영접한 적이 없다면, 지금 바로 마음을 고쳐먹고 예수님을 믿어야 합니다. 가장 중요한 준비는 예수님을 자신의 삶속에 모시고 그 나라를 지금 여기서 누리는 것입니다.

자신이 예수님을 믿는지, 아니면 자신의 생각을 믿는지, 또는 자신이 경건한 사람인지, 아니면 자신이 만든 경건의 껍데기를 붙잡고 있지는 등을 지금 여기서 점검해야 합니다. 또한 성령님의 인도하심을 따라 자신에게 진지하게 다시 물어야 합니다. "내가 세상에 너무 빠져 있는 것은 아닌가?" "나는 너무 세속적이지 않는가?" 등을 묻고 성령님의 은혜로 돌이킴으로써 주 안에서 참된 복을 누리는 삶을 살아가야 합니다.

맡겨진 일에 최선을 다하기

어떤 사람이 존 웨슬리 목사에게 이렇게 물었습니다.

"예수님께서 만약 10시간 후에 재림하셔서 우리 생애의 종말이 온다면, 그동안 목사님은 무엇을 하겠습니까?"

"난 평소처럼 내가 계획한 대로 살 것입니다."

이 짧은 대답을 통해 내일 주님이 오신다 하더라도 우리가 어떻게 준비하며 살아야 할지 깨닫게 됩니다. 웨슬리 목사는 그의 생애 동안 4만 2000번의 설교를 했고, 200권 이상의 책을 썼으며, 약 40만㎞의

전도여행을 했습니다. 그는 매일 새벽에 일어나 기도했고, 계획했고, 하루하루 주의 영광을 위해 살았습니다. 예수님을 믿는 자는 살든지 죽든지 오직 주님의 영광을 위해 맡겨진 일을 하면서 오늘을 살아갑니다. 이것이야말로 다시 오실 주님을 맞는 최고의 준비입니다.

그 날을 사모하기

세상에는 지금도 많은 문제와 아픔들이 있습니다. 하지만 믿음으로 사는 성도에게는 그 날이 두려운 날이 아니고 새 하늘과 새 땅이 도래하는 소망의 날, 축제의 날이 됩니다. 하나님께서는 그 날에 극한 어려움 가운데서도 믿음을 잃지 않고 순종한 우리를 안으시면서 "착하고 충성된 종아!"라고 칭찬하면서 위로하실 것입니다. 때문에 그 날을 간절히 소망합니다.

"하나님의 날이 임하기를 바라보고 간절히 사모하라." 벧후3:12a

그 날을 사모하며 기다리는 사람의 삶보다 더 나은 삶이 어디에 있겠습니까? 예수님의 재림은 완전한 구원입니다. 그러나 구원을 모르는 사람에게 예수님의 재림은 두려움이고, 죽음입니다. 세상에는 우리의 평안을 빼앗는 두려움이 많이 있습니다. 많은 사람들이 그런 두려움에 왜 평안을 빼앗길까요? 그것은 바로 그들이 '그 날'을 준비하지 않기 때문입니다.

<더 나은 삶을 위한 물음>

1. '그 날'은 어떤 날인지 당신의 언어로 표현한다면 어떻게 정리할 수 있겠습니까?

2. 그 날을 위해 당신이 특히 정리해야 할 것이 있다면 무엇입니까?

3. '그 날'에 대해 알려줄 사람이 있다면 누구이며, 어떻게 알려주겠습니까?

15. 지붕을 뚫기
마가복음 2장 1~12절

"¹ 수 일 후에 예수께서 다시 가버나움에 들어가시니 집에 계시
다는 소문이 들린지라 ² 많은 사람이 모여서 문 앞까지도 들어설
자리가 없게 되었는데 예수께서 그들에게 도를 말씀하시더니 ³
사람들이 한 중풍병자를 네 사람에게 메워 가지고 예수께로 올
새 ⁴ 무리들 때문에 예수께 데려갈 수 없으므로 그 계신 곳의 지
붕을 뜯어 구멍을 내고 중풍병자가 누운 상을 달아 내리니 ⁵ 예
수께서 그들의 믿음을 보시고 중풍병자에게 이르시되 작은 자야
네 죄 사함을 받았느니라 하시니 ⁶ 어떤 서기관들이 거기 앉아
서 마음에 생각하기를 ⁷ 이 사람이 어찌 이렇게 말하는가 신성모
독이로다 오직 하나님 한 분 외에는 누가 능히 죄를 사하겠느냐
⁸ 그들이 속으로 이렇게 생각하는 줄을 예수께서 곧 중심에 아
시고 이르시되 어찌하여 이것을 마음에 생각하느냐 ⁹ 중풍병자

에게 네 죄 사함을 받았느니라 하는 말과 일어나 네 상을 가지고 걸어가라 하는 말 중에서 어느 것이 쉽겠느냐 10 그러나 인자가 땅에서 죄를 사하는 권세가 있는 줄을 너희로 알게 하려 하노라 하시고 중풍병자에게 말씀하시되 11 내가 네게 이르노니 일어나 네 상을 가지고 집으로 가라 하시니 12 그가 일어나 곧 상을 가지고 모든 사람 앞에서 나가거늘 그들이 다 놀라 하나님께 영광을 돌리며 이르되 우리가 이런 일을 도무지 보지 못하였다 하더라"

더 나은 미래는 아직 오지 않았습니다. 그 미래는 예수님과 함께 열어갈 수 있습니다. 때문에 현재 우리가 어떤 상황에 있더라도 더 나은 미래는 가능합니다. 사업에 성공했든지 실패했든지, 몸이 건강하든지 허약하든지, 신앙생활이 좋은지 나쁜지, 현재 우리의 상태가 어떠하더라도 완벽한 미래를 약속하신 주님께서는 지금 이 땅에서 우리를 통해 더 나은 삶의 미래를 펼쳐 가십니다.

마가복음 2장에는 중풍에 걸려 몸도 마음도 상한 채 어두운 나날을 살아온 사람이 등장합니다. 어느 날 그의 친구들이 그를 예수님께 데리고 가서 회복시키는 이 이야기는 육체의 회복뿐만 아니라 더 나은 삶의 미래를 보여줍니다.

주님의 권세

친구들이 중풍병자를 설득해서 예수님께서 계신 집으로 데려갔는데, 사람들이 너무 많아 입구에서부터 길이 막혔습니다. 도저히 앞으로 나갈 수 없게 되자 친구들은 위로 올라가 지붕을 뚫었습니다. 대체 그들은 왜 멀쩡한 지붕을 뚫는 무모한 행동을 했을까요? 그것은 오직 예수님 앞에 친구를 데려가기만 하면 반드시 친구가 고쳐질 수 있을 것이라는 믿음이 그들에게 있었기 때문입니다. 그렇습니다. 믿음이 생각을 움직이고 사람을 움직이는 것입니다. 예수님께서는 이러한 그

들의 믿음을 보시고 마음에 감동하셨습니다. 그리고 중풍병자를 고치
셨습니다.

> "예수께서 그들의 믿음을 보시고 중풍병자에게 이르시되 작은
> 자야 네 죄 사함을 받았느니라 하시니"막2:5

중풍병자 친구들의 믿음이 얼마나 귀합니까? 하지만 그렇다 하더
라도 우리가 주목해야 할 분은 예수님입니다. 예수님께서는 중풍병자
에게 "깨끗할지어다!"라고 하지 않으시고 그 대신 "네 죄 사함을 받았
느니라."고 선언하셨습니다. 왜 그렇게 말씀하셨을까요? 이는 예수님
께서 자신이 누구신지를 선명하게 드러내기 위함이었습니다. 곧 예수
님께서는 육체의 질병을 치유하고 회복하시는 분일뿐만 아니라, 궁극
적으로 모든 사람을 불행하게 하는 '죄'를 사하시는 분임을 선포하신
것입니다.

대부분 사람들은 병을 고치시는 예수님께 주목하지만, 복음서 기
자는 몸의 질병뿐만 아니라 몸과 마음, 영혼을 병들게 하는 불행의 뿌
리인 죄를 없애시는 분임에 주목합니다. 사실 질병은 힌두교도, 불교
도, 이슬람교도, 심지어 무당이나 기氣를 하는 사람도 고칠 수 있습니
다. 그러나 어느 누구도 죄를 사할 수는 없습니다. 몸과 영혼을 병들게
하는 죄를 사하는 권세가 있는 분은 오직 예수님이십니다. 예수님께
서는 죄를 사하는 권세만이 아니라 모든 권세를 지니신 분입니다.

"예수께서 나아와 말씀하여 이르시되 하늘과 땅의 모든 권세를 내게 주셨으니" 마28:18

주님의 권세에 복종하지 않는 것은 없습니다. 하늘의 천사와 악한 영, 그리고 땅과 바다와 풍랑은 물론 죽음까지도 예수님의 권세에 복종합니다. 이와 관련해 어떤 사람은 만일 예수님께서 나사로의 무덤 앞에서 "나사로야 나오너라."고 하시지 않고, 그냥 "나오너라."고 하셨다면 아마도 무덤에 있던 모든 시체들이 나왔을 것이라고 유머 있게 말하기도 합니다. 예수님께서는 어제나 오늘이나 영원히 동일한 권세를 가지신 분입니다.

"거룩하고 진실하사 다윗의 열쇠를 가지신 이 곧 열면 닫을 사람 이 없고 닫으면 열 사람이 없는" 계3:7

이러한 예수님을 믿고 사는 사람은 모두 어떤 상황에서도 더 나은 미래를 열 수 있는 근원적인 힘을 지니고 있는 것입니다. 미국 텍사스에 이런 격언이 있습니다. "젖소를 잃어버리지 않는 한 우유를 얼마나 많이 쏟았는가는 문제가 되지 않는다." 그렇습니다. 우리 주님 앞에 모든 것을 내려놓고 그분과 함께라면 문제될 것이 없습니다. 그런데 우리는 삶의 현실에 문제가 생길 때마다 그 문제에만 집중하다보니 문제만 크게 보이고 정작 권세와 능력이 무한하신 예수님을 보지 못합니다. 그러면서 예수님에 대한 지식과 믿음도 사라집니다. 이와 관련해 히브리서 기자는 분명히 이렇게 말합니다.

"믿음이 없이는 하나님을 기쁘시게 하지 못하나니 하나님께 나아가는 자는 반드시 그가 계신 것과 또한 그가 자기를 찾는 자들에게 상 주시는 이심을 믿어야 할지니라"히11:6

인생의 크기는 내가 믿는 하나님의 크기에 따라 결정됩니다. 그래서 믿음이 바뀌면 인생도 바뀝니다. 나의 인생뿐만 아니라 다른 사람의 인생까지 바꿉니다. 믿음이 있었던 친구들이 자신의 삶을 포기하며 살았던 중풍병자의 인생을 바꾸어 놓았듯이 말입니다. 친구들이 주님의 권세를 믿었기 때문에 그럴 수 있었던 것입니다.

그런데 중풍병자가 회복되는 그 현장에는 서기관과 바리새인들도 함께 있었습니다. 그런데도 그들은 예수님께서 행하신 이 놀라운 역사를 이해하지도, 누리지도 못했습니다. 왜 그랬을까요? 그들은 예수님을 신뢰하지도, 그분의 권세를 믿지도 않았기 때문입니다. 오히려 그들은 예수님을 비난했습니다.

"이 사람이 어찌 이렇게 말하는가 신성모독이로다 오직 하나님 한 분 외에는 누가 능히 죄를 사하겠느냐"막2:7

오늘날 교회 공동체 내에도 이런 유형의 사람들이 있습니다. 교회 생활에는 익숙하지만, 신앙이 화석화되어 주로 교회의 일에 비판과 비난으로 일관하는 사람들입니다. 그들은 자신의 지식세계와 자신의 경험 이상을 믿지 않습니다. 항상 자기 수준에서 자기 기준으로 모든 것을 판단하고 비난합니다. 지붕을 뚫은 친구들을 보면서도 "저 친구들 어쩌자고 멀쩡한 지붕을 뚫었지? 집주인이 얼마나 황당할까! 수리비가 꽤 나오겠는데, 저 친구들 수리비 낼 돈이나 있는지 몰라?" 하고 생각할지도 모릅니다. 그야말로 비본질적인 사소한 것에 목숨을 거는 사람들입니다.

안타깝게도 오늘날 교회 역시 대부분 사소한 일들로 갈등합니다. 예를 들어, 어느 교회에서 추수감사절을 맞아 강단 앞에 귤 바구니를 갖다놓기로 했는데, 한 사람은 귤껍질을 까서 놓자고 하고, 다른 사람은 까서 놓지 말고 그냥 놓자고 티격태격하다가 결국 여성도회가 두 그룹으로 나뉘게 되었다고 합니다. '깐 파'와 '안 깐 파'로 말입니다. 그런가 하면 어느 이민교회에서도 매주 주일점심에 함께 밥을 먹었는데, 어느 날 누군가가 밥은 일이 많으니 빵으로 바꾸자고 제안했다고 합니다. 그러자 한 편에서는 그래도 한국 사람이 밥을 먹어야지 했고, 유학생과 청년들도 모처럼 주일날 밥을 먹으면 좋겠다고 반대했습니다. 그러다 보니 결국 두 그룹으로 나뉘어 교회가 몸살을 앓았다고 합니다. '밥 파'와 '빵 파'로 말입니다.

이렇게 비본질적인 것에 집중하게 되면 십중팔구 갈등의 상황에

처하게 됩니다. 하지만 어떤 갈등 상황에서라도 예수님과 그분께서 기뻐하시는 것에 집중할 경우에는 갈등이 해결됨은 물론 그 안에서 상처 입은 자가 치유되고 회복되는 일이 일어납니다. 예수님께서는 지금도 우리 가운데 계셔서 우리 모두를 살리시는 권세와 능력이 무한하신 분이기 때문입니다.

막힌 길 뚫기

친구들이 중풍병자를 겨우 설득하여 예수님께 데리고 왔는데, 수많은 사람들로 인해 입구가 막혔습니다. 아마 일반적인 사람들이었으면 대부분 실망하고 주저앉았을 것입니다. 그리고는 오늘은 안 되겠다며 돌아섰을 것입니다. 이렇듯 우리의 인생에서는 고지가 바로 눈앞에 보이는데 정작 엄청난 장애가 가로막고 있을 때가 많습니다. 사실 소중하고 가치 있는 것은 우리에게 쉽게 오지 않는 법입니다. 그런데 중풍병자의 친구들은 포기하지 않았습니다. 그들은 위로 올라가 지붕을 뚫었습니다. 새 길을 연 것입니다. 이후 그들은 친구 한 사람을 살리기 위해 지붕을 뚫었던 위대한 사람들로 역사에 남았습니다. 정말 기발한 아이디어가 아닐 수 없습니다.

재미있는 이야기 하나가 있습니다. 어느 날 배고픈 호랑이가 사냥을 나섰습니다. 토끼 한 마리가 눈에 보였습니다. 호랑이는 가뿐히 한

손으로 토끼를 낚아챘습니다. 그런데 이 조그만 토끼 녀석이 한 마디 합니다. "야! 이거 놔!" 호랑이는 엉겁결에 손을 놓아버렸습니다. 그래서 토끼는 유유히 도망갔습니다. 다음날 호랑이가 또 사냥을 나섰습니다. 이번에도 토끼를 잡았습니다. 그 토끼가 다시 한 마디 합니다. "임마, 놔라! 내다! 보면 모르나!" 어이가 없던 호랑이는 또 손을 놓고 말았습니다. 그 다음날 호랑이가 또 사냥을 나섰습니다. 토끼를 잡았는데, 이번에는 다른 토끼였습니다. 그런데 이 토끼 역시 한 마디 합니다. "야, 임마! 이거 놔라! 소문 다 났다!" 호랑이는 기절하듯이 놀라 손을 놓아버렸습니다.

재미있는 유머이긴 하지만, 이 이야기에서 우리는 절박한 위기 때라도 기발한 아이디어와 혁신적이고 창조적인 생각으로 행할 경우 살길을 열 수 있다는 메시지를 얻습니다. 그런데 가장 창조적이고 혁신적인 분이 누구시겠습니까? 바로 우리 하나님이십니다. 그분께서는 흑암이 깊은 가운데서 "빛이 있으라."고 말씀하심으로 빛을 내셨습니다. 그분께서는 땅이 혼돈하고 공허한 가운데서 이토록 아름다운 세상을 만드신 분입니다. 생리가 끊어진 지 오래인 할머니 사라를 임신케 하실 만큼 혁신적이고 창조적이신 분입니다.

하나님께서는 선택하신 이스라엘 백성이 우상을 섬기며 그분을 떠나자 바벨론을 통해 그들을 징계하신 상황에서도 이렇게 놀라운 말씀을 하셨습니다.

"너희는 이전 일을 기억하지 말며 옛날 일을 생각하지 말라 보라 내가 새 일을 행하리니 이제 나타낼 것이라 너희가 그것을 알지 못하겠느냐 반드시 내가 광야에 길을 사막에 강을 내리니" 사 43:18~19

하나님께서는 이스라엘 백성에게 광야에 길을 내고 사막에 강을 내겠다고 하십니다. 과연 이것만큼 창조적인 것이 어디에 있을까요?

인생의 길이 막혔다고 주저앉지 말아야 합니다. 그보다 우리가 전혀 생각해 보지 못한 길을 찾아야 합니다. 길이 없으면 길을 만드시는 하나님을 믿고 나가야 합니다. 홍해 앞에서 불안에 떨던 이스라엘 백성은 그들이 지금까지 한 번도 가보지도, 경험하지도 못했던 길을 걸었습니다. 상황에 절망하고 포기하여 아무것도 하지 않는 사람에게는 아무 일도 일어나지 않습니다. 혹시 인생의 여정에서 길이 막혀 힘들고 답답하십니까? 그렇다면 새로운 길을 여십시오.

에드먼드 힐러리 Edmund Hillary는 뉴질랜드 오클랜드 근교에 있는 투아카우 Tuakau라는 조그만 시골마을에서 벌꿀을 치던 소년이었습니다. 그의 미래가 그리 밝지 않았습니다. 그러던 어느 날 그는 새로운 삶을 시도하고 싶어서 산에 오르기 시작했습니다. 이후로도 계속해서 산을 오르고 또 올랐습니다. 1940년대 초에 에베레스트 산을 정복하려고 시도했지만 실패합니다. 그때 그는 이런 유명한 말을 남겼습니다.

"산아! 너는 자라지 못한다. 그러나 나는 자랄 것이다. 나의 기술도,

나의 힘도, 나의 경험도 자랄 것이다. 나는 다시 돌아온다. 그리고 기어이 네 정상에 설 것이다."

그로부터 10년 후인 1953년 5월 29일, 그는 네팔 출신 세르파 텐징 노르가이와 함께 역사상 처음으로 세계 최고봉을 정복했습니다. 시골에서 벌을 치던 소년에 불과했지만, 그는 산을 오르고 또 오르고 실패해도 계속해서 산에 오름으로써 산의 정상만 정복한 것이 아니라 히말라야 산맥 근처의 마을들까지 살리는 놀라운 일을 이뤄냈습니다. 그는 재단을 만들어 그들 마을에 학교를 짓고, 주택을 지어 사람을 키우고 세우는 일에 헌신했습니다. 그는 네팔 원주민들을 살리기 위해 지붕을 뚫었던 사람이라 해도 좋을 것입니다.

하나님께서는 우리 모두가 더 나은 삶의 미래를 엮어가길 원하십니다. 그러니 어제 실패했다고 낙망하지 말고, 아직 준비가 덜되었다고 말하십시오. 안 된다고 체념하지 말고, 다만 아직 때가 아니라고 말하십시오. 틀렸다고 주저앉지 말고, 다른 길이 있다고 말하십시오. 인생은 알고 찾아가는 것이 아니라 가면서 찾아가는 것입니다.

당신의 목표를 이루지 못하게 하는 것이 무엇입니까? 지붕을 뚫어서라도 사람을 살리는 길을 열었던 이 친구들을 보십시오. 주님께서는 그들을 보시고 감동하셨습니다. 그들의 믿음을 보시고 죄를 사하시고, 육체의 질병을 회복시키셨습니다.

공동체

중풍병자의 미래를 여신 분은 예수님이심에 틀림없습니다. 그런데 예수님께서는 그의 친구들을 통해서 역사하셨음을 놓쳐서는 안 됩니다.

"사람들이 한 중풍병자를 네 사람에게 메워 가지고 예수께로 올 새"막2:3

친구들, 즉 공동체가 없었다면 중풍병자는 예수님 앞에 올 수도 없었을 것입니다. 그는 그냥 그렇게 살다가 쓸쓸히 인생을 마쳤을 것입니다. 인생길을 걷노라면 누구나 한 번쯤은 넘어지고 쓰러지는 순간이 있습니다. 어떤 사람은 10대에, 어떤 사람은 30대에, 어떤 사람은 5, 60대에 그런 순간을 맞습니다. 그럴 때 "난 나 혼자서도 잘 살 수 있어." "나는 돈도 있고, 자녀도 있고, 배운 것도 많아. 내겐 다른 사람의 도움이 필요 없어."라고 생각한다면, 정말 인생을 모르는 사람입니다.

누가 교통사고 당하고 싶어서 당할까요? 누가 사업 망하고 싶어서 망할까요? 누가 이혼하고 싶어서 이혼할까요? 누가 병들고 싶어서 병이 들까요? 아닙니다. 어느 날 갑자기 간암, 위암, 직장암이라는 선고를 받습니다. 그때 누가 도와주고, 누가 기도해 줄까요? 누가 격려해 줄까요? 넘어지는 그 순간에 나를 붙잡아줄 사람이 없다면, 인생은 정말 외로울 수밖에 없습니다. 그래서 지혜자는 이렇게 말합니다.

"혹시 그들이 넘어지면 하나가 그 동무를 붙들어 일으키려니와 홀로 있어 넘어지고 붙들어 일으킬 자가 없는 자에게는 화가 있으리라" 전4:10

'나쁜 사람'은 '나뿐인 사람'이라고 합니다. 혼자 생각하고 혼자 일하는 '나홀로족'은 다른 사람이 필요 없다고 생각합니다. 그렇게 나뿐인 사람은 나쁜 사람이 될 확률이 높습니다.

구원은 개인적Personal이지만 결코 사적private인 것은 아닙니다. 공동체는 넘어지는 사람을 서로 세워가는 곳입니다. 누가 잘못된 길을 간다면, 그를 염려하며 바른 길로 가도록 도와줍니다. 힘을 잃고 넘어진 사람이 있을 때, 한 사람이 격려하고, 또 다른 사람이 격려하고, 또 다른 사람이 격려한다면, 힘을 잃고 넘어진 사람도 다시 일어날 수 있습니다. 힘과 용기를 얻게 됩니다. 이렇듯 우리가 함께 주님과 동행하는 것에 더 나은 삶의 미래가 있습니다.

<더 나은 삶을 위한 물음>

1. 영적, 육적으로 마비된 인생이 바로 당신이라고 생각해 본적이 있습니까?

2. 당신이 새로운 길을 뚫어야 할 것은 무엇인가요?

3. 나 혼자가 아닌 함께 해야 할 당신의 공동체는 누구이며, 무엇입니까? 없다면 당신이 해야 할 일은 무엇입니까?

16. 영적 리더로 살기

마태복음 4장 18~22절

"18 갈릴리 해변에 다니시다가 두 형제 곧 베드로라 하는 시몬과 그의 형제 안드레가 바다에 그물 던지는 것을 보시니 그들은 어부라 19 말씀하시되 나를 따라오라 내가 너희를 사람을 낚는 어부가 되게 하리라 하시니 20 그들이 곧 그물을 버려 두고 예수를 따르니라 21 거기서 더 가시다가 다른 두 형제 곧 세베대의 아들 야고보와 그의 형제 요한이 그의 아버지 세베대와 함께 배에서 그물 깁는 것을 보시고 부르시니 22 그들이 곧 배와 아버지를 버려 두고 예수를 따르니라"

1세기 초대교회는 신학교도, 교회건물도, 교육관도 없었지만, 천하를 어지럽게 할 만큼 영향력을 끼쳤습니다. 하지만 오늘날의 교회는 그렇지 못합니다. 그 이유에 대해 캐나다 리젠트칼리지 교수인 마이클 그린은 "초대교회는 할 일을 하고 있었고, 오늘날 교회는 그렇지 않기 때문이다."라고 말했습니다. 특히 오늘날 한국사회에서는 교회를 코로나바이러스를 감염시키는 집단으로 의심하고, 또 입양아 정인이를 학대하여 죽음에 이르게 한 양부모가 그리스도인이었다는 이유로 교회와 성도들을 질타하고 있는 형편입니다. 대체 이런 상황에서 우리 그리스도인은 어떻게 해야 할까요?

길은 단 하나입니다. 세상을 향해 하나님의 사랑을 나누는 것입니다. 우리를 공격하는 그들 또한 하나님의 사랑이 필요한 사람들이기 때문입니다. 더 나은 삶의 미래는 세상 사람들을 감동케 하고 움직여서 하나님의 일을 하게 하는 데 있습니다. 그래서 헨리 블랙커비Henry T. Blackaby는 영적 리더십을 '사람을 움직여 하나님의 일을 하게 하는 것'이라고 정의했습니다. 예수님께서도 갈릴리 어부들을 움직여서 하나님의 일을 하게 하셨습니다. 그들 중에는 배우지 못한 어부들도 있었지만, 그들은 팔레스타인 지역을 넘어 당시 세계의 정치 1번지인 로마를 비롯해 아시아, 심지어 땅 끝 스페인까지 다니면서 하나님의 복음을 전했습니다.

자신의 능력을 제한하지 말기

존 헌터는 『하나님의 능력을 제한하지 말라』라는 그의 책에서 "우리의 부정적인 생각이 우리를 향하신 크신 하나님의 능력을 제한한다."라고 지적했습니다. 하나님의 능력은 현재 우리의 나이나 직업, 능력과 아무 상관이 없습니다. 오직 더 나은 삶의 미래로 초청하시는 예수님의 말씀에 제대로 반응할 때, 우리는 그분과 함께 더 나은 미래를 열 수 있습니다.

"말씀하시되 나를 따라오라 내가 너희를 사람을 낚는 어부가 되
게 하리라 하시니"마4:19

물고기를 잡아 생계를 이어가는 어부가 "사람 낚는 사람이 되라!"는 말을 들었을 때, 어떤 생각이 들었을까요? "무슨 뚱딴지같은 말씀이지?" 하며 어리둥절하지 않았을까요? 물고기를 잡는 어부에게 "사람을 낚는 어부가 되라."는 말씀은 전혀 현실성이 없어 보입니다. 하지만 결국 그들은 말씀에 순종했고, 영적 리더십을 발휘하는 삶을 살았습니다.

베드로와 안드레, 야고보와 요한 형제들은 예루살렘에 있는 정치인도, 학자도, 사업가도 아니었습니다. 그들은 조그만 시골에서 물고기를 잡는 사람들이었을 뿐입니다. 그런데 그런 사람들이 물고기가

아닌 사람을 얻는 사람이 되어 영적 리더십을 발휘할 수 있었던 것은 오직 예수님 때문이었습니다.

뿐만 아니라 모세 역시 나이 80세에 미디안 광야에서 양을 치고 있었던 사람이었습니다. 그것도 자기의 양이 아니라 장인의 양이었습니다. 그런데 그런 그에게 하나님께서 "내 백성이 이곳에 와서 예배하도록 바로에게 가라!"고 초청하셨습니다. 당연히 모세는 "내가 누구인데 바로에게 갑니까? 나는 할 수 없습니다."라며 거절합니다. 또한 "이스라엘 백성들이 누가 보냈느냐고 물으면 뭐라고 말합니까?"라며 부정적이고 회의적인 말을 쏟아냅니다.

그러자 하나님께서는 "나는 스스로 있는 자요, 아브라함의 하나님 이삭의 하나님 야곱의 하나님이다."라고 말씀하십니다. 모세에게 이렇게 말씀하신 이유가 무엇일까요? 그것은 백성들을 이곳에 오게 하는 것은 모세가 하는 것이 아니라 하나님께서 하시는 일임을 분명히 하신 것입니다. 하나님께서는 스스로 계시는 분입니다. 그분께서는 어제도 일하셨고, 오늘도 일하시고, 내일도 일하시는 분입니다.

"사람 낚는 어부가 되게 하리라."는 말씀이 지금 우리에게 어떤 의미로 다가옵니까? "난 아니야!" "나 같은 성격에 무슨?" "실력도 없는데, 내가?" "난 못 해!" "난 조용히 살다가 조용히 갈 거야!" 등등, 이런 식으로 자신의 가치를 폄하해서는 안 됩니다.

베드로는 배운 지식도 많지 않고, 성격도 좋지 않았습니다. 그는 예수님께서 십자가에서 죽게 될 것이라고 말씀하시자 "그리 마소서."라며 예수님을 극구 만류했고, 겟세마네 동산에서는 깨어 기도하라는 말씀에도 불구하고 졸려서 잤고, 예수님께서 체포되는 과정에서는 칼을 휘둘러 말고의 귀를 베었다가 "칼을 칼집에 넣어라. 칼로 흥하면 칼로 망하느니라."고 예수님께 호되게 야단을 맞은 사람이었습니다. 그야말로 럭비공처럼 어디로 튈 지 파악하기 어려운 사람이었습니다. 이렇게 치명적인 결점은 물론이거니와 예수님을 배신하기까지 했으니 그야말로 형편없는 사람의 전형이었습니다.

그럼에도 불구하고 주님께서는 베드로를 부르셨습니다. 예수님께서 부활하신 후 그를 다시 찾아가셔서 "내 양을 먹이라!"고 하셨던 이유가 무엇일까요? 그것은 베드로에게 더 나은 삶의 미래를 여시는 것이 예수님의 꿈이었기 때문입니다. 이후 베드로에게는 어떤 일이 일어납니까? 어부 출신 베드로가 예루살렘 광장에서 복음을 전하자 한번에 삼천 명, 오천 명의 큰 무리가 회개하는 일이 일어납니다. 주님께서 그를 통해 일하셨기 때문입니다.

그러므로 예수님의 부르심을 입는 것을 우습게 생각해서는 안 됩니다. 예수님의 부르심은 만왕의 왕의 부르심입니다. 그러므로 그분의 부르심에 응답하는 순간, 우리는 왕족이 되고, 그 왕의 일군이 되는 것입니다. 왕조시대에 궁정에서 일하던 무수리가 왕의 부름을 입으면 즉시 신분이 달라집니다. 무수리가 왕후도 될 수 있는 것입니다.

우리 같은 죄인을 부르시고 살리셔서 천국의 로열패밀리로 만드신 주님께서는 이제 우리로 하여금 그 나라를 위해 살게 하십니다. 예수님의 부르심에는 신분이나 능력의 차별이 없습니다. 그분의 부르심 앞에 반응하기만 하면 질그릇 같은 우리의 인생이 보배로운 인생이 됩니다. 혹시 지금 하나님 나라를 위해 헌신하다가 그만두지는 않았습니까? 그렇다면 지금 주님의 부르심에 다시 반응함으로써 더 나은 삶의 미래를 향해 달려가야 하지 않을까요?

정리할 것 정리하기

예수님의 부르심을 받는 사람이라고 해서 모두가 영적 리더십을 발휘하는 것은 아닙니다. 영적 리더십을 발휘하지 못하는 사람은 그에게서 정리해야 할 부분을 제대로 정리하지 않았기 때문입니다.

첫째, 부르심에 응답하기

맨 먼저 정리해야 할 것은 부르심에 제대로 응답하는 것입니다. "전 아닙니다."라며 부르심을 거부한다면, 우리의 삶에 아무런 일도 일어나지 않습니다. 베드로와 안드레, 요한과 야고보 형제는 "나를 따라 오너라."고 예수님께서 부르셨을 때, 지체 없이 바로 예수님을 따라 나섰습니다.

"그들이 곧 그물을 버려 두고 예수를 따르니라" 마4:20

바로 이것입니다. 부르심에 응답하기 위해서는 현재의 위치에서 바로 일어나 그분께서 원하는 자리로 가야 합니다. 부르심을 받고도 가만히 자리에 앉아 있으면 아무런 일이 일어나지 않습니다. 모세는 하나님의 부르심을 받고는 미디안 광야를 떠나 이집트의 궁정으로 갔습니다. 그러므로 언제든 말씀을 듣고 도전을 받았다면, 반드시 즉각 행함으로 반응해야 합니다.

둘째, 버릴 것 버리기

부르심을 받고 나설 때 또 하나 정리해야 할 것이 있습니다. 그것은 버릴 것을 버리는 것입니다.

"그들이 곧 그물을 버려 두고"마4:20

베드로와 안드레, 야고보가 배와 부친을 버려두고 예수님을 따른 것은 그것이 그들에게 거침돌이 되기 때문이 아니라 그들의 우선순위가 바뀌었기 때문입니다. 배는 어부에게 생존을 위한 필수도구이고, 부친은 사람이 끊을 수 없는 관계입니다. 그러나 그들은 예수님의 부르심을 최우선 순위로 생각했기 때문에 버려야 할 것을 과감히 버렸습니다.

모세 또한 바로의 공주의 아들이라는 신분과 이집트의 보화를 과감히 버렸습니다. 그가 그렇게 한 것은 그것들이 세속적인 것이어서가 아닙니다. 다만 모세에게서 삶의 핵심가치가 달라졌고, 따라서 그의 삶의 우선순위가 바뀌었기 때문입니다.

> "믿음으로 모세는 장성하여 바로의 공주의 아들이라 칭함 받기
> 를 거절하고 도리어 하나님의 백성과 함께 고난 받기를 잠시 죄
> 악의 낙을 누리는 것보다 더 좋아하고 그리스도를 위하여 받는
> 수모를 애굽의 모든 보화보다 더 큰 재물로 여겼으니 이는 상 주
> 심을 바라봄이라" 히11:24~26

하나님의 나라는 세상의 권력이나 힘, 돈으로 이루어지는 것이 아닙니다. 그보다 하나님께서는 하나님의 방법으로, 하나님의 때에 이루십니다. 베드로가 그물과 배를 버리고, 모세가 왕자의 신분과 이집트의 보화를 버린 것은 이와 같이 하나님 나라의 가치대로 사는 것이 마땅하다고 여겼기 때문입니다.

남아프리카에서 원주민들이 원숭이를 잡는 방법이 아주 특이합니다. 곧 입구가 좁은 항아리 안에 원숭이가 좋아하는 바나나를 넣어두고 숨어서 기다리는 것입니다. 기다리다 보면 바나나 냄새를 맡고 접근한 원숭이가 항아리 안에 손을 넣습니다. 그러면 원주민이 원숭이에게 다가갑니다. 사람을 본 원숭이는 달아나려고 하면서도 여전히 바나나를 손에서 놓지 않습니다. 그런데 항아리 입구는 좁아서 바나나를 쥐고서는 손을 뺄 수가 없습니다. 결국 원숭이는 잡히고 맙니다.

원숭이가 바나나를 잡았습니까? 아니면 바나나가 원숭이를 잡았습니까? 원숭이 생각에는 자신이 바나나를 잡은 것이겠지만, 결국 원숭이가 바나나에게 잡힌 것입니다.

제 아들이 어렸을 때, 위의 원숭이와 바나나 이야기를 해주면서 물었습니다.

"네가 잡고 있는 바나나는 무엇이니?"

아이는 아주 곤란한 표정을 지으며 말했습니다.

"컴퓨터 게임?"

지금 우리에게 있는 바나나는 무엇입니까? 우리가 손에 들고서 놓지 않는 바나나는 무엇입니까? 돈입니까? 자녀입니까? 자존심입니까? 만약 예수님께서 우리가 붙잡고 있는 것을 내려놓으라 하신다면 어떻게 하시겠습니까? 하나님께서는 우리가 붙잡고 있는 어떤 것보다 훨씬 더 크신 분입니다.

셋째, 더 나은 미래 열기

사람을 낚는 어부로 사는 삶은 진공상태에서 일어나는 것이 아닙니다. 그것은 우리의 삶의 현장에서 일어납니다. 자동차 회사에 근무하는 어떤 사람이 있었습니다. 그는 부품조립 공정의 한 부분인 볼트를 조이는 일을 했습니다. 아침에 출근해서 자기 앞에 오는 차의 볼트를 '드르륵' 조이고, 다음 차 역시 '드르륵' 조이다 보면 오전 일과가 끝납니다. 그러면 점심 먹은 후 다시 '드르륵 드르륵' 하다보면 하루 일과가 끝납니다. 이 사람이 나중에 천국에 갔는데, 하나님께서 그에게 "너는 세상에서 무엇을 하다가 왔느냐?"라고 물으신다면, 그는 "네, 저는 '드르륵' 하다 왔습니다."라고 말할까요?

그가 하는 일은 자동차부품의 볼트를 조이는 일이지만, 그가 그 일을 단순히 '드르륵' 하는 일이 아니라 사람이 자동차를 안전하게 운전할 수 있도록 안전을 책임지는 일이라고 인식한다면, 그가 하는 일의 의미가 크게 달라집니다. 이렇듯 생각과 해석에 따라 우리의 삶이 더 나은 삶의 미래로 이어지게 됩니다. 곧 물고기를 잡는 어부가 사람을 얻는 어부로 승화될 수 있습니다. 이런 식으로 하나님께서는 양치는 목동 다윗을 이스라엘을 다스리는 영적 리더로 승화시키셨으며, 예수님께서도 사마리아의 수가성 여인에게 물을 좀 달라고 대화를 여시면서 한 순간에 물을 생명수로 승화시켜 그녀를 변화시키셨던 것입니다.

가게를 운영하는 사람도 마찬가지입니다. 그가 최소한의 자본으로 최대한의 이익을 얻는 자본주의 경제원칙에만 충실하다면, 그는 단순한 사업가일 뿐입니다. 그러나 그가 가게를 운영하면서도 그 일을 사람을 돕고 섬기는 마음으로, 또는 그런 방법으로 운영한다면, 그는 사람을 얻는 영적 리더십을 발휘하는 사람으로, 그의 가게는 그러한 현장으로 승화됩니다.

외과의사가 뛰어난 실력으로 환자의 환부를 잘 잘라내는 것도 중요하지만, 그 이상으로 그가 환자의 영혼을 생각하며 수술한다면, 그의 언행은 완전히 달라질 것입니다. 그는 먼저 수술하기 전에 환자는 물론이거니와 가족들까지 진심으로 염려하며 격려할 것입니다. 수술만 잘하는 것은 그야말로 물고기만을 낚는 수준입니다. 하지만 사람을 얻는 비전과 가치를 갖고 환자와 가족을 대할 경우, 그는 사람을 낚는 어부요, 영적인 리더로 살게 될 것입니다.

부산의 고신대학교 복음병원 원장으로 섬기시다 돌아가신 고故 장기려 박사는 항상 수술 전에 이렇게 말했다고 합니다. "제가 기도해도 되겠습니까? 수술은 제가 하지만 상처를 아물게 하시는 분은 하나님이십니다." 그러면서 그는 환자의 손을 잡고 간절히 기도했습니다. 또한 그는 가난하여 병원비를 낼 수 없는 환자는 뒷문을 열어주며 그냥 가라고 하는 일도 많았습니다. 그래서 원무과 직원들이 곤란을 많이 당했다고 합니다.

한편 오늘날 많은 그리스도인들이 "왜 그렇게 골치 아프게 인생을 살아? 직장 생활하는 사람은 노동한 만큼 임금 받고, 자영업자는 정당한 이윤을 추구하면서 가족부양하고 살면 되는 거지."라고 생각하며 살아갑니다. 그와 함께 영적인 리더라는 말을 매우 부담스러워 합니다. 하지만 그리스도인들에게 영적인 리더는 선택이 아니라 필수입니다.

사람들은 대개 자기가 하고 싶은 대로 사는 것이 행복이요 풍성한 삶이라고 생각합니다. 그러면서 자기 마음대로 안 되는 것을 문제라고 생각합니다. 그러나 결코 그렇지 않습니다. 세상 모든 사람이 자신이 하고 싶은 대로 살면 이 세상은 천국이 될까요? 아니면 지옥이 될까요? 자기가 하고 싶은 대로 하는 것은 행복이 아니라 오히려 더 큰 문제를 낳습니다. 이기적인 사람들이 자기 마음대로 하다가는 주변의 다른 사람들을 큰 곤경에 빠뜨릴 수 있습니다. 그보다 주님의 부르심에 따라, 주님의 뜻과 비전에 따라 움직일 때 우리의 삶의 수준이 달라질 수 있습니다.

스스로에게 한번 물어봅시다.

"나는 왜 오늘 여기에 있는가?" "나는 앞으로 남은 나의 생을 무엇을 위해서 살 것인가?"

십대들의 방황을 보고 그들을 위해 무엇이라도 해야겠다고 결심한 한 청년이 있었습니다. 그는 <십대들의 쪽지>를 만들어 학교 앞에서나 길거리에서 나누어 주었습니다. 그리고 경비를 마련하기 위해 자신의 책을 모두 팔았습니다. 그의 비전은 십대였기 때문입니다. 그는 성공한 백 명의 어른보다 한 명의 십대가 더 중요하다는 생각으로 십대를 살리기 위해 나섰습니다. <십대들의 쪽지> 운영은 언제나 예산을 초과했지만 그래도 꾸준히 이어올 수 있었던 것은 그의 비전에 감동받은 후원자들이 전국에서 나서주었기 때문입니다. 결국 <십대들의 쪽지>를 통해 많은 청소년들이 변화되기 시작했습니다. 김형모 전도사, 그는 2008년에 하늘나라로 갔지만, 많은 사람을 얻은 영적인 리더였습니다.

국제 월드비전World Vision International은 6.25 한국전쟁의 종군기자이

자 선교사로 왔던 밥 피어스Bob Pierce 목사가 부모를 잃은 고아들을 보며 자신이 무엇이라도 해야겠다는 생각에서 시작된 국제 구호개발 단체입니다. 이 단체의 비전은 '모든 어린이가 풍성한 삶을 누리는 것'으로, 현재 세계 91개국에서 가난한 어린이들을 섬기고 있습니다.

마틴 루터 킹 목사 역시 빼놓을 수 없는 사람입니다. 그는 1963년 8월 28일, 링컨 기념관 앞에 모인 수많은 청중들을 향해 이렇게 외쳤습니다.

"내게는 꿈이 있습니다. 우리의 후손들이 피부 색깔로 판단 받지 않고, 사람의 인격으로 판단 받는 꿈이 있습니다. 노예의 자식과 노예 주인의 자식이 함께 한 식탁에 둘러앉아 음식을 나누는 그날을 보는 꿈이 있습니다."

그는 이 꿈을 위해 살다가 이 땅을 떠난 위대한 영적인 리더였습니다.

사람은 그냥 가는 것이 아닙니다. 삶의 흔적을 남기며, 역사를 남깁니다. 지금 우리의 꿈은 무엇입니까? 그 꿈을 향해 달리는 더 나은 삶의 미래를 지금 열어가지 않겠습니까?

<더 나은 삶을 위한 물음>

1. 영적 리더십의 정의가 무엇인지 당신의 언어로 표현한다면 어떻게 정리할 수 있겠습니까?

2. 타락한 세속사회 속에서 영적 리더로 산다는 의미는 무엇입니까?

3. '더 나은 삶' 가운데 하나가 사람을 세워가는 것이라고 한다면, 지금까지 당신이 세운 일군은 몇 명입니까? 만약 없다면 그 일을 위해 어떻게 계획을 세울 수 있겠습니까?